Übersehen

Übersehen

Das 4+1-Modell für klare Wahrnehmung und bessere Entscheidungen

Alexander Klein

Impressum

Bibliografische Information der Deutschen Nationalbibliothek:
Die Deutsche Nationalbibliothek verzeichnet diese Publikation in der Deutschen Nationalbibliografie; detaillierte bibliografische Daten sind im Internet über dnb.dnb.de abrufbar.

Verlag und Herausgeber:
Beyond Performance Verlag, Inhaber: Alexander Klein
Mammendorfer Straße 3a, 82287 Jesenwang, Deutschland
www.alexander-klein.eu

1.Auflage 2026
ISBN 978-3-9829292-2-4

Satz und Covergestaltung: Alexander Klein

Druck: Libri Plureos GmbH, Friedensallee 273, 22763 Hamburg

Hinweis
Die Inhalte dieses Buches dienen der Information und Selbstreflexion. Sie stellen keine individuelle medizinische, psychotherapeutische, rechtliche oder wirtschaftliche Beratung dar. Entscheidungen und Handlungen auf Grundlage der Inhalte erfolgen in eigener Verantwortung.

Wissenschaftliche Modelle und Forschungsergebnisse werden zum Zweck der allgemeinverständlichen Vermittlung teilweise vereinfacht und zusammengefasst. Die verwendeten Quellen und weiterführende Literatur sind im Literaturverzeichnis aufgeführt.

Inhalt:

Prolog
Der Moment, in dem etwas nicht mehr passt

Es gibt einen Moment, der sich nicht ankündigt.

Kein Datum markiert ihn. Kein Ereignis löst ihn unmittelbar aus. Er kommt nicht als Krise, nicht als Zusammenbruch, nicht als etwas, das sich erzählen ließe wie eine Geschichte mit einem Anfang. Er kommt eher wie eine Frage, die plötzlich da ist, obwohl sie vorher nicht gestellt wurde — und die sich, einmal aufgetaucht, nicht mehr zurückdrängen lässt.

Bei manchen Menschen ist es ein Abend, an dem nach Hause kommen sich anders anfühlt als sonst — nicht schlechter, nur: anders, auf eine Weise, die sich nicht sofort erklären lässt. Bei anderen ist es ein Satz, der in einem Gespräch fällt, beiläufig, und der trotzdem hängen bleibt, tagelang, ohne dass klar wäre, warum. Bei wieder anderen ist es eine Entscheidung, die getroffen wurde, mit allem, was man dafür tun sollte — gründlich, verantwortungsbewusst, mit guten Gründen — und die sich trotzdem nicht richtig anfühlt, ohne dass sich sagen ließe, was an ihr falsch wäre.

In all diesen Fällen ist die erste Reaktion meist dieselbe: weitermachen. Der Moment wird zur Seite gelegt, weil er sich nicht in die Tagesordnung einfügt. Es gibt schließlich Wichtigeres zu tun.

Und meistens funktioniert das. Der Moment verschwindet — für eine Weile.

Eine Frage, die zurückkommt

Was diesen Moment von anderen, vergleichbaren Momenten unterscheidet, ist nicht seine Intensität. Er ist selten dramatisch. Was ihn unterscheidet, ist, dass er zurückkommt.

Nicht sofort. Nicht jeden Tag. Aber irgendwann, in einer Variation, an einer anderen Stelle, taucht er wieder auf. Derselbe Abend, anders verkleidet. Derselbe Satz, von jemand anderem gesagt. Dieselbe Entscheidung, in einer neuen Form — wieder gründlich, wieder mit guten Gründen, und wieder mit diesem leisen Rest, der sich nicht einordnen lässt.

Dieses Buch handelt von diesem Moment — und von der Frage, die in ihm steckt, auch wenn sie zunächst niemand ausspricht: Was, wenn ich mehr wahrnehme, als ich nutze? Was, wenn da Informationen sind — über mich, über andere, über eine Situation —, die längst vorhanden waren, aber nie gehört wurden, weil sie sich nicht laut genug gemeldet haben, um Vorrang zu bekommen?

Diese Frage ist nicht beunruhigend, weil sie etwas Schlimmes ankündigt. Sie ist beunruhigend, weil sie etwas in Frage stellt, das bisher als selbstverständlich galt: dass die Art, wie man bisher entschieden, gearbeitet, gelebt hat, die einzige war — oder zumindest die richtige.

Eine Frage, die in Vorstandsetagen selten gestellt wird

Stellen Sie sich eine Besprechung vor — irgendeine, in irgendeinem Unternehmen, mit Menschen, die ihre Aufgabe ernst nehmen und gut darin sind. Eine Entscheidung wird vorbereitet, diskutiert, am Ende getroffen. Alles läuft, wie es laufen soll.

Und doch sitzt in dieser Runde mit hoher Wahrscheinlichkeit mindestens eine Person, die etwas wahrgenommen hat, das nicht ausgesprochen wurde. Eine Reaktion, die eine Spur zu schnell kam. Ein Blick, der eine Sekunde zu lange woanders hinging. Ein Tonfall, der nicht ganz zu den Worten passte. Nichts davon wäre beweisbar. Nichts davon stünde in einem Protokoll.

Was mit einer solchen Wahrnehmung geschieht, ist meist: nichts. Sie verschwindet nicht. Sie bleibt einfach bei der Person, die sie hatte — nicht, weil sie unwichtig wäre, sondern weil es in den seltensten Besprechungen einen Moment gibt, der für sie vorgesehen ist.

Vielleicht ist das derselbe Moment wie der vom Anfang dieses Prologs. Nur diesmal nicht abends, allein, sondern mitten am Tag, in einem Raum voller Menschen — und trotzdem ebenso leicht zu übersehen.

Was dieses Buch nicht ist

Es ist sinnvoll, an dieser Stelle zu sagen, was dieses Buch nicht sein will — weil die Themen, um die es geht, leicht in Richtungen gezogen werden, die hier nicht gemeint sind.

Dieses Buch ist kein Buch über Intuition als bessere Alternative zu Verstand und Analyse. Es ist auch kein Buch darüber, dass man „auf sein Bauchgefühl hören" sollte, als wäre das eine Lösung für alles. Wer mit dieser Erwartung an dieses Buch herangeht, wird vermutlich enttäuscht — und das mit gutem Grund. Verstand, Analyse, Erfahrung: All das bleibt zentral. Nichts davon wird in diesem Buch entwertet.

Dieses Buch ist auch kein spirituelles Buch im üblichen Sinn — kein Versprechen von innerer Ruhe, kein Weg zu einem Zustand, in dem Unsicherheit verschwindet und alles klar wird. Wer Entscheidungen unter Unsicherheit treffen muss — und das betrifft praktisch jeden Menschen mit Verantwortung —, wird in diesem Buch keine Methode finden, die diese Unsicherheit beseitigt.

Was dieses Buch ist, lässt sich am ehesten so beschreiben: eine Einladung, genauer hinzuschauen, womit eigentlich entschieden wird — nicht nur mit dem, was sich als Gedanke formulieren lässt, sondern mit allem, was tatsächlich da ist, wenn ein Mensch vor einer Entscheidung steht. Verstand, Erfahrung, Körper, Emotion, ein Gespür, das sich nicht immer erklären lässt, und eine Wahrnehmung für das, was zwischen den Zeilen geschieht.

Die These dieses Buches ist bescheiden, und gerade deshalb robust: Die besten Entscheidungen entstehen dort, wo Verstand und Wahrnehmung wieder zusammenarbeiten.

Eine persönliche Bemerkung

Die Geschichten in diesem Buch sind, an mehreren Stellen, meine eigenen. Über fünfundzwanzig Jahre habe ich in Unternehmen Verantwortung getragen, Entscheidungen getroffen und gesehen, wie andere sie getroffen haben — gute, weniger gute, und solche, die sich erst im Rückblick als das eine oder andere herausstellten.

Parallel dazu habe ich mich mit etwas beschäftigt, das in den meisten Unternehmenskontexten keinen Platz hat: mit Wahrnehmung jenseits des Offensichtlichen. Mit der Frage, was ein Mensch eigentlich alles registriert, auch wenn er es nicht in Worte fasst. Mit dem, was manche als Intuition bezeichnen, andere als Gespür, wieder andere mit Begriffen, die in einer Vorstandssitzung niemand verwenden würde.

Dieses Buch ist der Versuch, diese beiden Welten zusammenzubringen — nicht, indem die eine der anderen untergeordnet wird, sondern indem gezeigt wird, dass sie nie wirklich getrennt waren. Jede Entscheidung, die ich je getroffen habe, war beides: durchdacht und gefühlt, analysiert und gespürt. Der Unterschied war nur, wie viel von diesem „Gespürten“ ich bewusst zur Kenntnis genommen habe — und wie oft ich es übergangen habe, weil es sich nicht in eine Tabelle einfügen ließ.

Wie dieses Buch gelesen werden kann

Dieses Buch ist in drei Teilen aufgebaut, die aufeinander aufbauen, aber auch für sich stehen können.

Der erste Teil stellt drei vertraute Stützen infrage, auf die viele Menschen mit Verantwortung sich verlassen: Erfahrung, Analyse, das Warten auf Gewissheit. Er zeigt, warum jede dieser Stützen wertvoll, aber keine von ihnen ausreichend ist — und führt zu einem größeren Bild davon, was eine Entscheidung überhaupt ist.

Der zweite Teil wendet sich nach innen. Er fragt: Wenn nicht nur der Verstand entscheidet, was entscheidet dann noch mit? Er führt ein Bild ein — das eines Fahrzeugs, individuell gebaut, mit eigenen Signalen, einem eigenen Armaturenbrett — und zeigt, was passiert, wenn diese Signale über Jahre überhört werden.

Der dritte Teil wendet sich nach außen, zu den Situationen, in denen Führung und Verantwortung tatsächlich stattfinden: Entscheidungen ohne Gewissheit, Zusammenarbeit mit anders gebauten Menschen, Konflikte, die mehr sind als Streit, und schließlich die Frage, was all das unter dem größten Druck — in einer Krise — bedeutet.

Jedes Kapitel endet mit einem Rastplatz — einer Frage, die nicht beantwortet werden muss, um weiterzulesen, aber die bleiben kann, auch nachdem das Buch zur Seite gelegt wurde.

Vielleicht beginnt dieses Buch nicht mit einer Antwort, sondern mit der Erlaubnis, eine Frage ernst zu nehmen, die schon lange da war — leise, beharrlich, und bisher ohne Raum.

Kapitel 1
Warum kluge Menschen schlechte Entscheidungen treffen

Es gibt einen Satz, den man nicht ausspricht, weil man ihn nicht als Satz erkennt. Er fühlt sich nicht an wie eine Überzeugung, die man vertritt. Er fühlt sich an wie man selbst.

Bei einem Menschen lautete dieser Satz, über viele Jahre:
Ich muss durchhalten.

Niemand hat ihn jemals so formuliert, an einem Schreibtisch, als Entscheidung. Er war einfach da — als Beschreibung der eigenen Lage. Hauptverdiener einer Familie. Mitten im Bau eines Hauses, das fertig werden musste. Verantwortung im Job, die niemand sonst in dieser Form tragen konnte. In dieser Konstellation war „durchhalten" keine Wahl unter mehreren. Es war die Grundlage, auf der alles andere stand.

Und der Satz hat funktioniert. Nicht ein bisschen — sehr gut. Schwierige Phasen wurden überbrückt. Verantwortung wurde getragen, zuverlässig, über Jahre. Andere konnten sich darauf verlassen, dass diese eine Konstante hielt, während um sie herum vieles in Bewegung war.

Genau das ist der Ausgangspunkt dieses Kapitels — nicht eine Fehlentscheidung, sondern eine funktionierende Überzeugung. Denn die unbequeme Wahrheit, um die es hier geht, lautet nicht: Kluge Menschen entscheiden manchmal dumm. Sie lautet: Kluge Menschen entwickeln

Überzeugungen, die so gut funktionieren, dass niemand mehr auf die Idee kommt, sie zu prüfen.

Eine Gleichung, die niemand aufschreibt

Es gibt eine stille Gleichung, die viele erfolgreiche Menschen mit sich tragen, ohne sie je in Worte zu fassen:
Ich bin klug, also entscheide ich gut.

Diese Gleichung fühlt sich nicht wie eine Behauptung an. Sie fühlt sich an wie eine Tatsache — bestätigt durch eine Karriere, durch Verantwortung, die übertragen wurde, durch Probleme, die gelöst wurden. Jedes Mal, wenn eine schwierige Situation gut ausgegangen ist, hat diese Gleichung ein kleines Stück mehr Bestätigung bekommen.

Und hier liegt bereits die erste Verschiebung, die in diesem Kapitel wichtig wird: Diese Bestätigung kam nicht durch Nachdenken. Sie kam durch Erfahrung. Niemand hat sich hingesetzt und gesagt: „Ich habe jetzt bewiesen, dass meine Art zu entscheiden grundsätzlich richtig ist." Es hat sich einfach so ergeben — Entscheidung für Entscheidung, Bewährung für Bewährung.

Erfahrung ist überzeugender als jedes Argument. Das ist ihre Stärke. Es ist aber auch ihre Tücke. Denn Erfahrung beweist nicht, dass ein Vorgehen richtig ist. Sie beweist nur, dass es bisher funktioniert hat — unter den Bedingungen, unter denen es angewendet wurde.

Der Unterschied zwischen diesen beiden Aussagen ist riesig. Aber er ist fast unmöglich zu spüren, solange die Bedingungen sich nicht ändern. Solange „durchhalten“ gebraucht wird und funktioniert, gibt es keinen Anlass, zwischen „richtig“ und „hat bisher funktioniert“ zu unterscheiden. Beides fühlt sich identisch an.

Wie aus einer Antwort ein Reflex wird

„Ich muss durchhalten“ war ursprünglich eine Antwort auf eine bestimmte Situation: Hausbau, Hauptverdiener-Rolle, eine Phase mit besonders hoher Verantwortung. Eine angemessene Antwort, in dieser Situation.

Aber Antworten, die oft genug gegeben werden, verändern still ihren Charakter. Sie hören auf, eine Antwort auf diese Situation zu sein, und werden zur Antwort auf jede Situation. Druck im Job: durchhalten. Eine Unstimmigkeit, die sich meldet, aber nicht greifbar ist: durchhalten, nicht beachten. Ein Gefühl von Erschöpfung, das eigentlich nach einer Pause fragt: durchhalten, bis es vorbeigeht.

Der Übergang von Antwort zu Reflex hat kein Datum. Es gibt keinen Tag, an dem jemand entscheidet: Ab heute wende ich diesen Satz auf alles an. Es passiert einfach — durch Wiederholung, durch Bestätigung, durch das Fehlen jeder Situation, die einen Anlass geboten hätte, genauer hinzuschauen.

Und ein Reflex hat eine Eigenschaft, die ihn von einer Antwort unterscheidet: Er stellt keine Fragen mehr. Eine Antwort setzt voraus, dass zuvor eine Frage gestellt wurde — Was braucht diese Situation? Ein Reflex überspringt diese Frage. Er liefert sein Ergebnis, bevor die Frage überhaupt formuliert werden konnte.

Das ist der Mechanismus, um den es in diesem Kapitel geht. Nicht: Jemand hat eine falsche Antwort gegeben. Sondern: Irgendwann wurde die Frage nicht mehr gestellt.

Andere Sätze, dieselbe Mechanik

„Ich muss durchhalten" ist ein Satz. Es gibt unzählige andere, die auf dieselbe Weise funktionieren — entstanden aus einer realen Situation, bewährt durch Wiederholung, irgendwann nicht mehr Antwort, sondern Selbstbild.

„Ich finde immer eine Lösung." Auch das beginnt als zutreffende Beschreibung — jemand, der tatsächlich gut darin ist, aus schwierigen Situationen einen Weg zu finden. Und auch das kann sich verschieben: von „ich bin gut darin, Lösungen zu finden" zu „jede Situation verlangt von mir eine Lösung" — selbst dann, wenn die eigentlich angemessene Reaktion gewesen wäre, eine Situation auszuhalten, ohne sie sofort zu lösen.

„Ich zeige keine Unsicherheit." Auch das war einmal funktional — in einer Position, in der Sicherheit ausstrahlen tatsächlich gebraucht wurde, um andere zu orientieren. Und auch das kann sich ausweiten, bis Unsicherheit nicht mehr nur nach außen verborgen wird, sondern auch nach innen — bis derjenige selbst kaum noch merkt, wann er eigentlich unsicher ist.

In jedem dieser Fälle ist die Struktur identisch: eine Antwort, die in einer bestimmten Situation richtig war, wird zur einzigen Antwort auf alle Situationen — getragen von echter Bewährung, ohne dass je ein Moment der Prüfung eingebaut war. Der Inhalt des Satzes ist dabei fast nebensächlich. Entscheidend ist die Bewegung: von „das brauche ich hier" zu „das bin ich".

Warum gerade die Erfolgreichen betroffen sind

Es gibt eine verbreitete Vorstellung von Fehleinschätzung, die mit mangelnder Erfahrung oder mangelndem Wissen zu tun hat — der Anfänger, der etwas übersieht, weil er es noch nicht besser weiß.

Die Forschung zu sogenannten Urteilsverzerrungen zeichnet ein anderes Bild. Eine der am häufigsten dokumentierten Verzerrungen in beruflichen Zusammenhängen — über Management, Finanzwesen, Medizin und Recht hinweg — ist die Selbstüberschätzung der eigenen Einschätzungsfähigkeit. Und diese Verzerrung betrifft nicht in erster Linie Anfänger. Sie betrifft Profis.

Das ist zunächst kontraintuitiv. Müssten nicht gerade erfahrene Menschen ihre eigenen Grenzen besser kennen? Die Antwort ist: in mancher Hinsicht ja — und genau das ist Teil des Problems. Erfahrene Menschen haben oft eine recht gute Einschätzung davon, wo ihre fachlichen Grenzen liegen.

Was sie seltener hinterfragen, ist etwas anderes: die Art, wie sie zu Einschätzungen kommen. Das Werkzeug selbst.

Hier zeigt sich ein Muster, das in der Forschung zur sogenannten Dunning-Kruger-Problematik eine wichtige Rolle spielt — allerdings in einer Form, die über das hinausgeht, was darüber oft kursiert. Es geht nicht nur darum, dass wenig kompetente Menschen ihre Fähigkeiten überschätzen. Ein spezifischerer Befund lautet: Gerade intuitive Fehleinschätzungen — schnelle, selbstverständlich wirkende Urteile — sind ein stärkerer Hinweis auf eine verzerrte Selbsteinschätzung als Fehler, die mit Mühe und Zweifel zustande kommen. Mit anderen Worten: Je selbstverständlicher sich ein Urteil anfühlt, desto weniger wird es geprüft — unabhängig davon, ob es zutrifft.

Das ist die Stelle, an der „Ich muss durchhalten“ gefährlich wird. Nicht, weil der Satz dumm wäre. Sondern weil er sich, nach Jahren der Bestätigung, so selbstverständlich anfühlt, dass die Frage „Passt das hier wirklich?“ gar nicht mehr auftaucht. Es gibt nichts zu prüfen — es gibt nur noch das, was man tut.

Der blinde Fleck liegt nicht, wo man ihn sucht

Wenn von „blinden Flecken“ die Rede ist, denken viele Menschen an Bereiche, in denen sie sich unsicher fühlen — neue Themen, ungewohnte Situationen, Fachgebiete, die nicht die eigenen sind. Dort, wo Unsicherheit ohnehin spürbar ist, rechnet man mit blinden Flecken. Man ist vorsichtig, fragt nach, holt Meinungen ein.

Der eigentliche blinde Fleck liegt woanders. Er liegt genau dort, wo am wenigsten Unsicherheit spürbar ist — in den Bereichen, in denen man sich am sichersten fühlt, weil dort die meiste Erfahrung, die meiste Bestätigung, die meiste Bewährung vorliegt.

„Ich muss durchhalten" war kein unsicherer Bereich. Im Gegenteil: Es war einer der sichersten. Genau deshalb gab es nie einen Anlass, ihn zu prüfen. Unsicherheit erzeugt Aufmerksamkeit. Sicherheit erzeugt das Gegenteil — sie erzeugt eine Art von Unsichtbarkeit. Was sich selbstverständlich anfühlt, wird nicht mehr gesehen. Es wird zur Linse, durch die alles andere gesehen wird. Das bedeutet: Der blinde Fleck eines Menschen liegt mit hoher Wahrscheinlichkeit nicht in seinen Schwächen. Er liegt in seinen bewährtesten Stärken — dort, wo eine Strategie so oft funktioniert hat, dass sie aufgehört hat, als Strategie erkennbar zu sein.

Was sich daraus nicht ergibt — und was sich ergibt

An dieser Stelle ist eine Klarstellung wichtig, weil die naheliegende Schlussfolgerung in die falsche Richtung führen würde.

Die falsche Schlussfolgerung wäre: „Ich muss durchhalten" war ein Fehler. Eine bessere Person hätte früher erkannt, dass das nicht gesund ist, und hätte anders gehandelt.

Das greift zu kurz — aus zwei Gründen. Erstens: Der Satz war, in der Situation, in der er entstand, zutreffend. Es gab Verantwortung, die getragen werden musste, und „durchhalten" war eine angemessene Antwort darauf. Zweitens: Die Vorstellung, jemand hätte das „früher erkennen" sollen, setzt voraus, dass es einen Moment gab, an dem die Erkenntnis möglich gewesen wäre — und genau das ist bei Reflexen nicht der Fall. Ein Reflex ist per Definition das, was passiert, bevor eine Erkenntnis überhaupt einsetzen kann.

Was sich tatsächlich ergibt, ist etwas anderes. Es ist eine neue Frage — nicht: „War das falsch?", sondern: „Welche Antwort gebe ich eigentlich auf praktisch alles?" Diese Frage lässt sich nicht beantworten, indem man nachdenkt, was man glaubt. Sie lässt sich nur beantworten, indem man zurückschaut auf das, was man tut — wieder und wieder, über viele unterschiedliche Situationen hinweg, mit erstaunlicher Konstanz.

Bei genau dieser Frage setzt das nächste Kapitel an. Denn wenn eine einzige Antwort auf alles nicht ausreicht — was tritt an ihre Stelle? Die naheliegende erste Vermutung lautet: mehr Informationen, mehr Analyse, mehr Sicherheit, bevor man handelt. Diese Vermutung verdient einen genaueren Blick. Denn auch sie könnte sich, bei näherem Hinsehen, als eine weitere Form desselben Musters entpuppen.

Erfolg beweist nicht, dass ein Modell richtig ist. Erfolg beweist nur, dass ein Modell bisher funktioniert hat.

Rastplatz

Gibt es eine Antwort, die du auf fast jede Art von Anforderung gibst — unabhängig davon, was die Anforderung tatsächlich ist?

Nicht: Ist diese Antwort falsch.

Sondern: Seit wann hast du sie nicht mehr als Antwort erkannt, sondern als dich selbst?

Kapitel 2
Die Grenzen von Analyse

In meiner Zeit im Konzern habe ich unzählige Entscheidungsvorlagen erlebt.

Die Themen waren vorbereitet. Risiken bewertet. Kosten abgeschätzt. Termine diskutiert. Und trotzdem kam die Vorlage oft noch einmal zurück.

Die Kosten waren noch nicht ganz klar. Die Terminplanung enthielt noch Unsicherheiten. Es gab noch offene Punkte. Also wurde weiter analysiert. Noch eine Abstimmung. Noch eine Bewertung. Noch eine Präsentation.

Damals erschien mir das vernünftig. Schließlich wollte niemand eine Entscheidung treffen, die sich später als falsch herausstellen könnte.

Heute sehe ich darin etwas anderes. Die meisten dieser Entscheidungen scheiterten nicht an fehlenden Informationen. Sie scheiterten daran, dass wir versuchten, eine Sicherheit zu erreichen, die es in der Realität nie gab.

Eine zweite Antwort auf dasselbe Muster

Im vorangegangenen Kapitel war von einem Satz die Rede, der über Jahre eine einzige Antwort auf praktisch jede Situation lieferte: Ich muss durchhalten. Dieser Satz betraf vor allem die eigene Belastbarkeit — wie viel jemand tragen, wie lange jemand aushalten kann.

Das Muster, das in den Entscheidungsvorlagen sichtbar wird, ist verwandt, zeigt sich aber an einer anderen Stelle. Es geht nicht darum, wie viel man selbst aushält, sondern darum, wie man mit einer Situation umgeht, die noch nicht vollständig geklärt ist. Und auch hier gibt es eine Antwort, die sich über Jahre als verlässlich erwiesen hat, bevor sie zum Reflex wurde: Wenn etwas noch unklar ist, dann kläre es weiter.

Diese Antwort hat denselben Charakter wie „Ich muss durchhalten“. Sie ist nicht falsch. Sie war über lange Zeit angemessen, hilfreich, sogar notwendig. Und genau deshalb wurde sie nie geprüft — bis sie begann, auf Situationen angewendet zu werden, für die sie nicht mehr passte.

Was eine Entscheidungsvorlage eigentlich ist

Eine Entscheidungsvorlage hat eine bestimmte Funktion: Sie soll alle relevanten Informationen so aufbereiten, dass eine Entscheidung getroffen werden kann. Kosten, Nutzen, Risiken, Alternativen, Zeitrahmen — alles, was zur Beurteilung gebraucht wird, an einem Ort versammelt.

Die stillschweigende Annahme dahinter lautet: Wenn die Vorlage vollständig genug ist, wird die Entscheidung gewissermaßen aus ihr heraus sichtbar. Man muss nur genug zusammentragen, und irgendwann zeigt sich von selbst, was zu tun ist.

Diese Annahme funktioniert erstaunlich gut — solange die fehlenden fünf oder zehn Prozent an Information tatsächlich etwas verändern könnten. Wenn eine Kostenschätzung noch eine entscheidende Unsicherheit enthält, die das Ergebnis kippen könnte, dann ist eine weitere Abklärung sinnvoll. Das ist keine Verzögerung, das ist Sorgfalt.

Die Frage, um die es in diesem Kapitel geht, ist eine andere: Was passiert, wenn diese fehlenden Prozent gar nichts mehr verändern würden — wenn die Entscheidung im Grunde längst getroffen werden könnte, aber die Vorlage trotzdem noch einmal zurückkommt?

Wenn Vorbereitung beginnt, Entscheidung zu ersetzen

An diesem Punkt geschieht etwas, das von außen kaum vom vorherigen Schritt zu unterscheiden ist. Noch eine Abstimmung. Noch eine Bewertung. Noch eine Präsentation. Jede dieser Handlungen sieht aus wie die vorherige — gründlich, professionell, verantwortungsbewusst.

Aber ihre Funktion hat sich verändert. Die erste Analyserunde diente dazu, eine Entscheidung vorzubereiten. Eine spätere Runde, die nichts grundlegend Neues mehr zutage fördert, dient nicht mehr der Vorbereitung. Sie dient dazu, den Moment der Entscheidung selbst hinauszuschieben.

Das Tückische daran: Diese Verschiebung der Funktion ist nicht sichtbar — weder für die Beteiligten noch im Nachhinein, wenn man die Unterlagen durchsieht. Eine weitere Analyse sieht aus wie eine weitere Analyse. Ob sie tatsächlich noch etwas klärt oder nur noch Zeit kostet, lässt sich anhand der Vorlage selbst nicht erkennen. Man müsste fragen: Was genau erwarten wir von dieser nächsten Runde, das wir noch nicht wissen? Diese Frage wird selten gestellt — denn „noch eine Runde“ fühlt sich immer nach derselben, vertrauenswürdigen Sorgfalt an wie die erste.

Was die zusätzliche Runde tatsächlich beseitigt

Wenn eine zusätzliche Analyserunde keine neue Information mehr liefert — was leistet sie dann? Sie ist ja nicht wirkungslos. Irgendetwas verändert sich durch sie.

Was sich verändert, ist nicht die Informationslage. Es ist das Gefühl. Eine zusätzliche Prüfung erzeugt ein Gefühl von Sorgfalt, von Gründlichkeit, von „wir haben alles getan, was möglich war“. Dieses Gefühl ist nicht falsch — es ist sogar real. Aber es bezieht sich nicht auf die Sache, sondern auf die Beteiligten.

Hier liegt der Kern dieses Kapitels: Die zusätzliche Analyserunde beseitigt nicht die Unsicherheit über die Sache. Sie beseitigt — vorübergehend — das Unbehagen, das mit dieser Unsicherheit verbunden ist. Das ist ein entscheidender Unterschied. Die Unsicherheit selbst bleibt exakt gleich groß. Nur das Gefühl, mit ihr leben zu müssen, wird für eine Weile aufgeschoben.

Und genau das macht diese zusätzliche Runde so attraktiv — und so wenig hinterfragt. Sie kostet etwas Zeit. Aber sie liefert sofortige Erleichterung. Diese Erleichterung ist real, auch wenn sie nichts an der eigentlichen Situation ändert.

Andere Formen derselben Verzögerung

„Noch eine Analyse“ ist die sichtbarste Form dieses Musters — weil sie in Organisationen einen Namen hat, einen Platz im Kalender, ein Ergebnis, das vorgelegt wird. Aber sie ist nicht die einzige Form.

„Lass uns noch eine Meinung einholen“ kann derselben Funktion dienen. Manchmal ist eine zweite oder dritte Meinung tatsächlich wertvoll, weil sie einen blinden Winkel aufdeckt. Und manchmal ist sie vor allem eines: eine weitere Stimme, die — bewusst oder unbewusst — gehofft wird, möge die Entscheidung leichter machen, indem sie Zustimmung liefert oder zumindest die Verantwortung auf mehrere Schultern verteilt.

„Lass uns das Thema in der nächsten Sitzung noch einmal aufrufen“ ist eine dritte Variante. Auf den ersten Blick ist das schlicht Terminplanung. Aber wenn sich an der Sachlage zwischen heute und der nächsten Sitzung nichts verändern wird — und das lässt sich oft schon vorher abschätzen — dann ist diese Vertagung keine organisatorische Notwendigkeit. Sie ist eine Wartezeit, die sich wie eine Notwendigkeit anfühlt.

Was diese drei Beispiele verbindet, ist nicht die Handlung selbst. Eine weitere Analyse, eine weitere Meinung, ein weiterer Termin sind für sich genommen unauffällig, oft sogar sinnvoll.

Was sie verbindet, ist eine Frage, die selten gestellt wird:

Verändert das, was wir jetzt noch tun, tatsächlich die Entscheidung — oder verändert es nur den Zeitpunkt, an dem wir sie treffen müssen?

Eine Beobachtung über viele Jahre

Mit gesundem Menschenverstand, Erfahrung und einer ehrlichen Einschätzung der Risiken wären viele Entscheidungen bereits deutlich früher möglich gewesen.

Nicht, weil alles geklärt war. Sondern weil genug geklärt war. Der Rest war Unsicherheit. Und genau diese Unsicherheit versuchten wir durch weitere Analysen zu beseitigen.

Im Rückblick ist das eine der klarsten Beobachtungen, die sich über Jahre hinweg wiederholt haben — bei den eigenen Entscheidungen genauso wie bei denen anderer. Es gibt einen Punkt, an dem eine Entscheidungsgrundlage tragfähig ist. Nicht vollständig. Nicht ohne Restrisiko. Aber tragfähig — im Sinne von: Die verfügbaren Informationen rechtfertigen eine Richtung.

Dieser Punkt wird fast nie als solcher erkannt, während man sich in ihm befindet. Er wird oft erst im Rückblick sichtbar — wenn man sieht, dass alles, was nach diesem Punkt noch an Aufwand investiert wurde, am Ergebnis nichts mehr verändert hat.

Warum diese Beobachtung schwer zu glauben ist, solange man mitten drinsteckt

Es gibt einen Grund, warum diese Erkenntnis fast immer im Nachhinein kommt, und kaum jemals im Moment selbst: Solange eine Entscheidung noch nicht getroffen ist, fühlt sich jede zusätzliche Information wichtig an — unabhängig davon, ob sie tatsächlich etwas verändern würde.

Das liegt daran, dass man im Moment der Unsicherheit nicht weiß, welche Information noch entscheidend sein könnte. Jede offene Frage trägt das Potenzial, „die eine Sache" zu sein, die alles verändert. Aus dieser Position heraus erscheint es nicht nur vernünftig, sondern geradezu fahrlässig, eine offene Frage nicht zu klären, bevor man weitergeht.

Erst im Rückblick — wenn man weiß, wie die Sache ausgegangen ist — lässt sich erkennen, welche der offenen Fragen tatsächlich relevant waren und welche nicht. Diese Erkenntnis steht im Moment der Entscheidung nicht zur Verfügung. Und das ist der Grund, warum sich dieses Muster so beharrlich wiederholt: Jedes Mal fühlt es sich wieder an wie das erste Mal. Jedes Mal scheint die nächste Abklärung notwendig — nicht aus Gewohnheit, sondern weil man es in diesem Moment nicht anders wissen kann.

Was das mit Führung zu tun hat

In Führungspositionen verstärkt sich dieses Muster zusätzlich, weil eine weitere Dimension hinzukommt: Eine Entscheidung, die getroffen wird, hat einen Namen. Jemand hat sie getroffen. Wenn sie sich später als falsch herausstellt, lässt sich das zurückverfolgen.

Eine Entscheidung, die noch nicht getroffen wurde, weil „noch geklärt wird“, hat diese Eigenschaft nicht. Sie ist noch niemandes Entscheidung. Solange der Klärungsprozess läuft, ist niemand exponiert.

Das bedeutet: Eine zusätzliche Analyserunde kann — neben dem Gefühl von Sorgfalt — noch eine zweite, stillere Funktion haben. Sie verzögert den Moment, ab dem eine Person für eine Entscheidung steht. Das ist in den seltensten Fällen eine bewusste Strategie. Aber es ist ein Sog, der in Organisationen wirkt, in denen Fehlentscheidungen sichtbar und Verzögerungen unsichtbar sind.

Und hier schließt sich der Kreis zu Kapitel 1. „Ich muss durchhalten“ war eine Antwort auf die Frage, wie man mit Belastung umgeht — durchgehend, ohne Pause, ohne Differenzierung. „Wenn etwas unklar ist, kläre es weiter“ ist eine Antwort auf die Frage, wie man mit Unsicherheit umgeht — durchgehend, ohne Differenzierung zwischen Unsicherheit, die sich noch auflösen lässt, und Unsicherheit, die bleiben wird, egal wie lange man wartet.

Beide Antworten waren einmal richtig. Beide sind, einmal zum Reflex geworden, blind für den Unterschied zwischen „hier hilft noch mehr“ und „hier hilft nichts mehr — nur noch eine Entscheidung“.

Die Frage, die als Nächstes wartet

Wenn weder die eigene Erfahrung („ich halte das schon aus“) noch zusätzliche Analyse („wir klären das noch“) eine vollständige Absicherung bieten — was bleibt dann eigentlich übrig, wenn eine Entscheidung getroffen werden muss?

Die ehrliche Antwort lautet: nicht viel, was sich wie Sicherheit anfühlt. Und genau das ist der Punkt, an dem sich das nächste Kapitel diesem Gefühl direkt zuwendet — nicht der Frage, wie man zu einer Entscheidung kommt, sondern der Frage, was es bedeutet, wenn diese Entscheidung getroffen werden muss, bevor sich dieses Gefühl von Sicherheit überhaupt einstellen kann.

Viele Entscheidungen werden nicht deshalb vertagt, weil noch Informationen fehlen. Sie werden vertagt, weil die vorhandenen Informationen bereits ausreichen, um die Unsicherheit sichtbar zu machen.

Rastplatz

Gibt es eine Entscheidung, die du seit längerem vor dir herschiebst — mit dem Argument, du brauchst noch mehr Informationen?

Was, wenn die fehlende Information gar nicht das eigentliche Hindernis ist?

Kapitel 3
Entscheidungen unter Unsicherheit

Über viele Jahre glaubte ich, gute Entscheidungen würden irgendwann aus ausreichender Sicherheit entstehen.

Heute glaube ich das nicht mehr.

Die meisten wichtigen Entscheidungen, die ich getroffen habe — und die ich andere treffen sah —, wurden getroffen, während Unsicherheit noch vorhanden war. Nicht, nachdem sie verschwunden war.

Das klingt zunächst nach einer kleinen Verschiebung. Ist es aber nicht. Es ist der Unterschied zwischen zwei völlig verschiedenen Vorstellungen davon, was eine Entscheidung überhaupt ist.

Was bisher passiert ist

Die ersten beiden Kapitel dieses Buches haben zwei vertraute Stützen ins Wanken gebracht.

Die erste Stütze war Erfahrung: die stille Gleichung „Ich bin erfahren, also entscheide ich gut" — bestätigt durch Jahre der Bewährung, nie geprüft, weil sie nie geprüft werden musste. Bis sie zum Reflex wurde, der auf jede Situation dieselbe Antwort gab, unabhängig davon, ob diese Antwort noch passte.

Die zweite Stütze war Analyse: die Vorstellung, dass genug Information irgendwann von selbst zeigt, was zu tun ist. Bis sichtbar wurde, dass eine weitere Runde oft nicht mehr Klarheit über die Sache schafft, sondern nur Erleichterung über das eigene Unbehagen — und dass diese Erleichterung mit echter Klärung leicht verwechselt wird.

Beide Kapitel haben etwas gemeinsam, das sich erst jetzt, im Rückblick, deutlich zeigt: Beide beschreiben Versuche, mit Unsicherheit umzugehen, ohne sie als solche anzuerkennen. Erfahrung sagt: Ich brauche mich mit der Unsicherheit gar nicht auseinanderzusetzen, ich weiß ja, was zu tun ist. Analyse sagt: Ich muss mich mit der Unsicherheit nicht auseinandersetzen, ich werde sie wegrechnen.

Beide Strategien funktionieren — bis zu einem gewissen Punkt.
Und an diesem Punkt beginnt dieses Kapitel.

Eine Unterscheidung, die selten gemacht wird

Es gibt zwei sehr unterschiedliche Arten von Unsicherheit, die im Alltag meist nicht unterschieden werden — und genau aus dieser fehlenden Unterscheidung entsteht ein erheblicher Teil der Schwierigkeit.

Die erste Art von Unsicherheit ist die, die sich durch weitere Informationen verkleinern lässt. Eine Zahl, die noch nicht vorliegt. Ein Gutachten, das noch ausgewertet werden muss. Eine Rückmeldung, die noch fehlt. Diese Art von Unsicherheit ist, im Grunde, ein

Wissensproblem. Sie lässt sich — mit der richtigen Anstrengung — auflösen.

Die zweite Art von Unsicherheit ist anders. Sie betrifft nicht fehlendes Wissen über die Gegenwart, sondern die grundsätzliche Unvorhersehbarkeit der Zukunft. Wie wird sich ein Markt entwickeln? Wie wird eine Person auf eine Veränderung reagieren? Was wird in einem Jahr wichtig sein, das heute noch niemand auf dem Schirm hat? Diese Art von Unsicherheit lässt sich nicht durch mehr Information auflösen — weil die Information, die sie auflösen würde, schlicht noch nicht existiert. Sie wird erst in der Zukunft entstehen, die gerade entschieden wird.

Das Problem ist: Beide Arten von Unsicherheit fühlen sich von innen identisch an. Ein Gefühl von „wir wissen noch nicht genug" stellt sich bei beiden ein. Und genau deshalb wird auf beide oft mit derselben Reaktion geantwortet — der aus Kapitel 2 bekannten Reaktion: noch klären, noch abwarten, noch eine Runde.

Bei der ersten Art von Unsicherheit ist das sinnvoll. Bei der zweiten Art ist es ein Versuch, etwas durch Zeit zu lösen, das durch Zeit nicht gelöst wird — sondern höchstens durch Zeit verschoben.

Die Illusion des richtigen Zeitpunkts

Aus dieser Verwechslung entsteht eine bestimmte Erwartung, die fast jeder kennt, der je Verantwortung getragen hat: die Erwartung, dass es einen

Zeitpunkt gibt, an dem genug Klarheit vorhanden sein wird, um „wirklich" zu entscheiden.

Diese Erwartung ist nicht unvernünftig — sie beschreibt korrekt, wie es bei der ersten Art von Unsicherheit funktioniert. Wer auf ein Gutachten wartet, kann nach dessen Eingang tatsächlich klarer sehen. Das Problem ist, dass diese Erfahrung — „warten hat sich gelohnt" — verallgemeinert wird, auf Situationen, in denen sie nicht zutrifft.

Bei der zweiten Art von Unsicherheit gibt es diesen Zeitpunkt nicht. Es gibt keinen Moment, an dem die Zukunft plötzlich bekannt wird, bevor sie eintritt. Was es gibt, ist ein Moment, an dem die Entscheidung getroffen werden muss — weil das Fenster, in dem sie noch Wirkung entfalten kann, sich zu schließen beginnt.

Das bedeutet: Wer auf den „richtigen Zeitpunkt" wartet, in der Hoffnung, dass Unsicherheit dann geringer sein wird, wartet auf etwas, das nicht eintreten wird. Was tatsächlich eintreten wird, ist ein anderer Zeitpunkt — der, an dem die Entscheidung sich selbst trifft, weil die Optionen sich von selbst reduziert haben.

Was tatsächlich geschieht, wenn entschieden wird

Hier lohnt sich ein genauerer Blick darauf, was in dem Moment passiert, in dem eine wichtige Entscheidung tatsächlich getroffen wird — nicht in der Theorie, sondern in der Praxis, in Unternehmen, in Projekten, in Investitionen.

In nahezu jedem Fall, den ich über die Jahre beobachtet habe — bei mir selbst und bei anderen —, gab es im Moment der Entscheidung noch offene Fragen. Nicht kleine, vernachlässigbare Restzweifel, sondern Fragen, die durchaus relevant gewesen wären, hätte man die Antwort gehabt. Wie wird der Markt reagieren? Wird die Person, mit der man eine Vereinbarung trifft, sich auch in zwei Jahren noch genauso verhalten? Wird eine technische Lösung halten, was sie verspricht, wenn sie unter realen Bedingungen läuft?

Auf all diese Fragen gab es im Moment der Entscheidung keine Antwort. Es gab nur: genug Indizien, genug Erfahrung, genug Einschätzung, um eine Richtung zu wählen — verbunden mit dem expliziten Wissen, dass diese Richtung sich als falsch herausstellen könnte.

Was bei genauerem Hinsehen auffällt: Die Organisationen und Menschen, die handlungsfähig blieben, waren nicht die, die diese Unsicherheit irgendwann zum Verschwinden gebracht hatten. Es waren die, die gelernt hatten, mit ihr zu entscheiden — nicht nach ihr.

Wenn das Warten selbst zur Strategie wird

Es gibt eine Variante dieses Musters, die besonders schwer zu erkennen ist, weil sie sich nicht wie Zögern anfühlt, sondern wie Geduld — eine Tugend, die in Führung zu Recht hochgehalten wird.

Eine Marktentwicklung zeichnet sich ab. Die Richtung ist nicht beweisbar, aber erkennbar — mehrere Indizien deuten in dieselbe Richtung, ohne dass eines davon für sich genommen ausreichen würde. Die naheliegende Reaktion: abwarten, bis sich die Entwicklung „bestätigt". Das klingt nach Besonnenheit. Niemand würde das als Fehler bezeichnen, während es geschieht.

Was dabei oft übersehen wird: Eine Entwicklung, die sich „bestätigt" hat, hat sich in der Regel auch schon so weit vollzogen, dass die Reaktion darauf nur noch ein Nachvollziehen ist — nicht mehr ein Mitgestalten. Der Unterschied zwischen „früh genug, um die Richtung mitzubestimmen" und „spät genug, um sicher zu sein" ist oft genau der Unterschied zwischen Gestalten und Reagieren.

Das macht diese Variante so tückisch: Sie produziert selten einen Moment, an dem jemand sagt „das war zu spät". Stattdessen entsteht eine andere Erzählung: „Wir mussten erst sicher sein, bevor wir handeln konnten" — was sich rückblickend sogar vernünftig anhört, weil die Entscheidung ja tatsächlich auf Basis von etwas Bestätigtem getroffen wurde. Nur war zu diesem Zeitpunkt eben nicht mehr viel zu entscheiden.

Eine Verwechslung, die viel erklärt

Aus den beiden vorangegangenen Kapiteln lässt sich ein Muster extrahieren, das sich hier noch einmal zeigt, in einer dritten Form.

„Ich muss durchhalten" war eine Antwort auf Belastung — durchgehend, ohne Differenzierung zwischen Belastung, die man tragen sollte, und Belastung, die ein Signal war, etwas zu verändern.

„Wenn etwas unklar ist, kläre es weiter" war eine Antwort auf Unsicherheit — durchgehend, ohne Differenzierung zwischen Unsicherheit, die sich auflösen lässt, und Unsicherheit, die bleiben wird.

Und nun zeigt sich eine dritte, verwandte Verwechslung: zwischen Vorsicht, die angemessen ist, und Warten, das nur wie Vorsicht aussieht. Vorsicht bedeutet, eine Entscheidung mit Blick auf ihre Risiken zu treffen. Warten bedeutet, die Entscheidung selbst aufzuschieben — in der unausgesprochenen Hoffnung, dass sich die Notwendigkeit, sie zu treffen, von selbst erledigt.

Alle drei Verwechslungen haben dieselbe Struktur: Eine grundsätzlich sinnvolle Reaktion — Durchhalten, Klären, Vorsicht — wird zu einer Standardantwort, die keine Fragen mehr stellt. Und alle drei fühlen sich, solange man in ihnen steckt, nicht wie Vermeidung an. Sie fühlen sich an wie Verantwortung.

Was Organisationen trotzdem handlungsfähig macht

Es wäre ein Missverständnis, aus dem Bisherigen zu schließen, Entscheidungen unter Unsicherheit seien im Grunde Glücksache — dass es keinen Unterschied mache, wann entschieden wird, weil Gewissheit ohnehin nie kommt.

Das Gegenteil ist der Fall. Gerade weil Gewissheit nicht kommt, macht der Zeitpunkt einen erheblichen Unterschied — nur eben nicht in dem Sinne, dass späteres Entscheiden „sicherer" wäre. Sondern in dem Sinne, dass eine Entscheidung, solange noch Handlungsspielraum besteht, etwas bewirken kann — und eine Entscheidung, die erst getroffen wird, wenn der Spielraum bereits geschrumpft ist, oft nur noch eine Reaktion auf das ist, was inzwischen ohne Entscheidung passiert ist.

Organisationen, die unter diesen Bedingungen handlungsfähig bleiben, zeichnen sich nicht dadurch aus, dass sie weniger Unsicherheit hätten. Sie zeichnen sich dadurch aus, dass sie eine andere Beziehung zu ihr haben: Unsicherheit wird nicht als Zustand behandelt, der vor einer Entscheidung beseitigt werden muss, sondern als Zustand, in dem entschieden wird — und der auch nach der Entscheidung weiter besteht.

Das verändert auch, wie mit dem Ergebnis einer Entscheidung umgegangen wird. Wenn die Erwartung war, dass genug Vorbereitung Gewissheit erzeugt, dann ist jedes überraschende Ergebnis ein Zeichen, dass die Vorbereitung unzureichend war — und die nächste Entscheidung wird mit noch mehr Vorbereitung befrachtet. Wenn die Erwartung dagegen ist, dass eine Entscheidung unter Unsicherheit getroffen wurde und bleibt, dann ist ein überraschendes Ergebnis Teil des Geschehens — etwas, auf das reagiert wird, nicht ein Beweis, dass man hätte länger warten sollen.

Eine offene Frage

Mit diesem Kapitel ist eine bestimmte Bewegung an ihr Ende gekommen. Drei Stützen — Erfahrung, Analyse, das Warten auf den richtigen Zeitpunkt — wurden nicht zerstört, aber in ihrer Reichweite begrenzt. Jede von ihnen ist wertvoll. Keine von ihnen liefert das, was lange unterschwellig von ihr erwartet wurde: eine Garantie.

Was bleibt, ist eine Frage, die bisher nur indirekt im Raum stand und die nun unübersehbar wird: Wenn Erfahrung nicht reicht, Analyse nicht reicht, und Gewissheit nicht kommt — wie entscheiden Menschen dann überhaupt? Nicht in der Theorie, sondern tatsächlich, im Alltag, immer wieder, oft mit beachtlichem Erfolg?

Es muss etwas geben, das in dieser Lücke arbeitet. Etwas, das nicht auf den ersten Blick sichtbar ist, weil es nicht in Tabellen steht und sich nicht als Argument formulieren lässt — aber das trotzdem da ist, jedes Mal, wenn eine Entscheidung getroffen wird, bevor alle Fragen beantwortet sind.

Diesem Etwas wendet sich das nächste Kapitel zu.

Gewissheit war nie die Voraussetzung. Sie war die Erwartung — und diese Erwartung selbst war das eigentliche Hindernis.

Rastplatz

Erinnere dich an eine Entscheidung, die du getroffen hast, bevor du dir vollständig sicher warst.

Was ist seitdem passiert — mit der Entscheidung,
und mit deiner Erinnerung an die Unsicherheit von damals?

Kapitel 4
Was Wissenschaft heute über Intuition weiß

Am Ende des letzten Kapitels stand eine Frage offen: Wenn Erfahrung nicht reicht, Analyse nicht reicht, und Gewissheit nicht kommt — wie entscheiden Menschen dann überhaupt?

Es gibt ein Wort, das in diesem Zusammenhang fast automatisch fällt: Intuition. Und genau an diesem Punkt wird es heikel.

Denn das Wort trägt eine Last, die ihm in den meisten Gesprächen mitgegeben wird, bevor es überhaupt definiert ist. Für die einen klingt es nach Bauchgefühl, nach „ich kann das nicht erklären, aber ich weiß es" — eine Aussage, die in einem Meeting mit Zahlen auf dem Tisch wenig Gewicht hat. Für die anderen klingt es nach etwas Tieferem, nach einer Weisheit, die zuverlässiger ist als jede Analyse, weil sie „aus dem Inneren" kommt.

Beide Vorstellungen haben mit dem zu tun, was tatsächlich erforscht ist — und beide gehen gleichzeitig daran vorbei. Dieses Kapitel versucht etwas Drittes: zu zeigen, was Intuition ist, wenn man sie weder verharmlost noch überhöht.

Eine Beobachtung aus der Praxis von Experten

Die moderne Forschung zu Intuition hat einen ihrer wichtigsten Ursprünge nicht in Laboren, sondern in der Beobachtung von Menschen, die unter extremem Zeitdruck Entscheidungen treffen mussten — Feuerwehrkommandanten etwa, die in brennenden Gebäuden in Sekunden entscheiden, ob ein Raum noch betreten werden kann.

Was dabei auffiel, war zunächst überraschend: Diese Kommandanten beschrieben ihre eigenen Entscheidungen oft als „ich wusste es einfach" — und wirkten dabei selbst etwas ratlos, wenn man sie nach den Gründen fragte. Kein Abwägen von Optionen, kein Für und Wider. Einfach: Diese Entscheidung, jetzt.

Bei genauerer Untersuchung zeigte sich jedoch etwas anderes als reines „Wissen ohne Grund". Was tatsächlich passierte, war ein extrem schnelles Erkennen von Mustern — basierend auf tausenden ähnlichen Situationen, die diese Personen im Laufe ihrer Karriere erlebt hatten. Ein Geräusch, eine Farbe des Rauchs, eine Art, wie sich eine Wand verhielt — Details, die für einen Außenstehenden bedeutungslos gewirkt hätten, die aber für jemanden mit jahrelanger Erfahrung sofort eine Kategorie aufriefen: Das hier kenne ich. Das geht so aus.

Das ist der Kern dessen, was in der Forschung heute oft als Grundlage von Intuition beschrieben wird: nicht ein Wissen ohne Quelle, sondern ein Wissen, dessen Quelle so schnell verarbeitet wird, dass der Prozess selbst nicht mehr bewusst zugänglich ist. Das Ergebnis kommt an — der Weg dorthin bleibt verborgen.

Zwei Lager, ein gemeinsamer Schluss

Innerhalb der Forschung zu Entscheidungsfindung gab es über Jahrzehnte zwei Lager, die sich in ihrer Einschätzung von Intuition fast diametral gegenüberstanden.

Das eine Lager — stark geprägt durch die Forschung zu kognitiven Verzerrungen — hat vor allem dokumentiert, wie Intuition in die Irre führen kann: durch Heuristiken, also mentale Abkürzungen, die in vielen Situationen nützlich sind, in bestimmten Situationen aber systematisch zu Fehlern führen. Aus dieser Perspektive war Intuition vor allem eine Fehlerquelle — etwas, vor dem man sich schützen sollte, durch bewusstes, langsames Nachdenken.

Das andere Lager — geprägt durch die Beobachtung von Experten wie den Feuerwehrkommandanten — hat vor allem dokumentiert, wie präzise und schnell intuitive Urteile sein können, wenn sie auf echter Erfahrung beruhen. Aus dieser Perspektive war Intuition eine eigenständige, oft unterschätzte Form von Kompetenz.

Bemerkenswert ist, was geschah, als Vertreter beider Lager sich zusammensetzten, um ihre scheinbar widersprüchlichen Befunde zu vergleichen. Statt eines Streits, wer recht hat, kam etwas anderes heraus: eine gemeinsame Antwort auf die Frage, wann Intuition vertrauenswürdig ist. Die Antwort lautete sinngemäß: Intuition ist dann verlässlich, wenn sie auf wiederholter Erfahrung in einer Umgebung beruht, die verlässliches Feedback liefert.

Drei Namen, drei Blickwinkel

Es lohnt sich, an dieser Stelle etwas konkreter zu werden — nicht, um eine Wissenschaftsgeschichte nachzuzeichnen, sondern weil die drei Positionen, die hier aufeinandertreffen, jeweils etwas zeigen, das die anderen beiden nicht zeigen.

Die erste Position ist mit dem Namen Daniel Kahneman verbunden — der eine der beiden „Lager" aus dem vorherigen Abschnitt prägte. Seine Forschung, gemeinsam mit Amos Tversky entwickelt, hat über Jahrzehnte dokumentiert, wie systematisch sich schnelles, intuitives Denken irrt — nicht gelegentlich, sondern in vorhersagbaren Mustern. Menschen überschätzen die Wahrscheinlichkeit dramatischer Ereignisse, weil sie sich leichter erinnern lassen. Sie lassen sich von der Art, wie eine Frage formuliert ist, in ihrer Antwort beeinflussen, ohne es zu merken. Sie verwechseln Vertrautheit mit Richtigkeit. Aus dieser Perspektive ist die Botschaft eindeutig: Das schnelle System ist nützlich, aber es braucht ein langsames, prüfendes System, das seine Ergebnisse kontrolliert — sonst entstehen Fehler, die sich wiederholen, ohne dass die Betroffenen es bemerken.

Die zweite Position ist mit dem Namen Gary Klein verbunden — die Forschung an den Feuerwehrkommandanten, von der dieses Kapitel ausging. Seine Forschung kam zu einem fast entgegengesetzten Bild: In Bereichen mit hoher Erfahrung und klarem Feedback sind schnelle, intuitive Urteile von Experten oft nicht nur ausreichend, sondern überlegen — schneller, treffsicherer, und robuster unter Druck als ein bewusstes Durchrechnen aller Optionen, für das in der Realität ohnehin selten Zeit ist.

Bemerkenswert ist, dass Kahneman und Klein diesen scheinbaren Widerspruch nicht gegeneinander ausgetragen haben, sondern gemeinsam untersuchten — in einem Projekt, das genau der Frage galt, die in diesem Kapitel zentral ist: Wann kann man Intuition vertrauen, und wann nicht? Das Ergebnis war der Satz, der bereits zitiert wurde: Es kommt auf die Umgebung an, nicht auf das Gefühl selbst. Zwei Forscher, die jahrzehntelang fast gegensätzliche Dinge über Intuition herausgefunden hatten, kamen zu derselben Antwort — weil ihre jeweiligen Forschungsfelder unterschiedliche Umgebungen waren. Kahnemans Beispiele stammten oft aus Bereichen mit verzögertem, verzerrtem oder fehlendem Feedback — etwa Prognosen über komplexe wirtschaftliche Entwicklungen. Kleins Beispiele stammten aus Bereichen mit unmittelbarem, unmissverständlichem Feedback — ein Gebäude, das in den nächsten Minuten einstürzt oder nicht.

Eine dritte Position, mit dem Namen Gerd Gigerenzer verbunden, fügt einen weiteren Aspekt hinzu, der für dieses Buch besonders relevant ist:

Manche einfachen, schnellen Urteilsregeln sind nicht trotz ihrer Einfachheit nützlich, sondern wegen ihr. In einer Welt, in der nicht alle Informationen verfügbar sind und nie verfügbar sein werden — also in der Welt, die Kapitel 3 beschrieben hat —, kann eine Strategie, die bewusst nur einen Teil der verfügbaren Information nutzt, robuster sein als eine, die versucht, alles zu berücksichtigen. Eine Faustregel, die unter Unsicherheit „gut genug" trifft, kann eine perfekte, aber zu langsame oder zu instabile Berechnung schlagen — nicht, weil weniger Information grundsätzlich besser wäre, sondern weil die zusätzliche Information, die eine komplexere Methode bräuchte, oft gar nicht zuverlässig vorliegt.

Was diese drei Positionen zusammen ergeben, ist kein Kompromiss, bei dem jeder ein bisschen recht hat. Es ist ein vollständigeres Bild als jede einzelne Position für sich: Intuition kann eine Fehlerquelle sein (Kahneman) — *und* eine Form von Expertise (Klein) — *und* unter Unsicherheit manchmal überlegen gegenüber komplexer Berechnung (Gigerenzer). Welche dieser drei Beschreibungen zutrifft, hängt nicht von der Intuition selbst ab, sondern von der Situation, in der sie auftritt — von genau der Frage, die im nächsten Abschnitt konkretisiert wird: Beruht sie auf einem Bereich mit verlässlichem Feedback, oder nicht?

Was „verlässliches Feedback" bedeutet

Der Begriff „verlässliches Feedback" klingt zunächst technisch, beschreibt aber etwas sehr Konkretes: eine Situation, in der man relativ zeitnah erfährt, ob eine Einschätzung richtig war oder nicht — und in der diese Rückmeldung mit der Einschätzung selbst zusammenhängt, nicht durch Zufall oder durch andere Faktoren überlagert wird.

Ein Feuerwehrkommandant, der hunderte Male erlebt hat, wie sich ein bestimmtes Geräusch in einem brennenden Gebäude entwickelt, hat verlässliches Feedback: Das Gebäude verhält sich danach so oder so, und der Kommandant erfährt das unmittelbar. Ein erfahrener Handwerker, der den Klang eines Motors hört und sofort weiß, was los ist, hat ebenfalls verlässliches Feedback — über Jahre, Maschine für Maschine.

Es gibt aber Bereiche, in denen dieses Feedback fehlt oder verzögert, verzerrt oder mehrdeutig ist. Die Entwicklung an Finanzmärkten etwa, oder die langfristige Wirkung einer strategischen Entscheidung, oder die Frage, ob eine Personalentscheidung sich als richtig erweist — all das zeigt sich oft erst nach Monaten oder Jahren, beeinflusst von unzähligen anderen Faktoren, die mit der ursprünglichen Entscheidung kaum noch etwas zu tun haben.

In solchen Bereichen kann sich Intuition genauso stark, genauso überzeugend, genauso „sicher“ anfühlen wie im Fall des Feuerwehrkommandanten — aber ihre Grundlage ist eine andere. Es ist kein über tausende Wiederholungen kalibriertes Mustererkennungssystem. Es ist, in Teilen, etwas, das sich nur so anfühlt.

Die Verwechslung, um die es eigentlich geht

Damit lässt sich eine Unterscheidung treffen, die für dieses Buch zentral ist — und die im Alltag fast nie gemacht wird, weil sich beide Seiten von innen identisch anfühlen.

Auf der einen Seite: ein Gefühl, das auf jahrelanger, kalibrierter Erfahrung beruht — verdichtetes Wissen, das schneller ist als bewusstes Denken, aber eine reale Grundlage hat.

Auf der anderen Seite: ein Gefühl, das aus etwas anderem entsteht — aus Angst, aus Wunschdenken, aus einer aktuellen Stimmung, aus einer Erfahrung, die zwar real war, aber aus einem völlig anderen Zusammenhang stammt, der mit der aktuellen Situation nur oberflächlich vergleichbar ist.

Beide melden sich auf dieselbe Weise: als ein Gefühl von „ich weiß, dass...“. Beide kommen schnell, ohne erkennbaren Herleitungsweg. Beide fühlen sich überzeugend an — manchmal sogar umso überzeugender, je weniger man sie begründen kann, weil das Fehlen einer Begründung selbst als Zeichen von Tiefe gedeutet wird.

Es gibt keine verlässliche Methode, diese beiden Formen im Moment ihres Auftretens zu unterscheiden — allein durch Introspektion. Was es gibt, ist eine andere Möglichkeit: zu prüfen, woher dieses Gefühl realistischerweise stammen könnte. Beruht es auf einem Bereich, in dem über lange Zeit echtes Feedback erfahren wurde? Oder taucht es in einem Bereich auf, der neu ist, der unter Druck steht, der emotional aufgeladen ist?

Warum diese Unterscheidung schwerfällt — gerade bei Erfolg

An dieser Stelle schließt sich ein Kreis zu Kapitel 1. Dort ging es um Menschen, deren Erfahrung in einem bestimmten Bereich so erfolgreich war, dass eine Strategie — „ich muss durchhalten“ — zum unhinterfragten Reflex wurde, der auf alles angewendet wurde, nicht nur auf den Bereich, in dem sie entstanden war.

Mit Intuition geschieht oft etwas Ähnliches. Jemand hat über Jahre in einem bestimmten Bereich — sagen wir, im Erkennen von technischen Risiken, oder im Einschätzen von Marktbewegungen innerhalb der eigenen Branche — ein hochgradig kalibriertes Gespür entwickelt. Dieses Gespür ist real, hat sich tausendfach bewährt, und das zu Recht.

Das Problem entsteht, wenn dieses Vertrauen — zu Recht erworben in einem Bereich — sich auf andere Bereiche ausweitet, in denen dieselbe Kalibrierung gar nicht stattgefunden hat. Ein Gespür für Menschen, das sich im eigenen, vertrauten Umfeld über Jahre bewährt hat, wird auch in einem völlig neuen kulturellen oder beruflichen Kontext als verlässlich erlebt — weil es sich genauso anfühlt wie immer. Aber die Grundlage, auf der es beruht, gilt dort nicht mehr.

Das ist keine Frage von Arroganz. Es ist eine fast unausweichliche Folge davon, wie sich kalibrierte Intuition anfühlt: Sie kommt ohne Etikett. Sie sagt nicht „ich beruhe auf zwanzig Jahren Erfahrung in genau diesem Bereich“ oder „ich bin neu hier und eigentlich nur eine Vermutung“. Beide fühlen sich exakt gleich an: wie Gewissheit.

Ein aktueller Gegenpunkt

Es wäre unvollständig, dieses Kapitel mit dem Eindruck zu schließen, die Forschung habe sich endgültig auf „Intuition funktioniert unter diesen Bedingungen“ geeinigt und damit das Thema abgeschlossen.

Neuere Untersuchungen zu Entscheidungsverhalten in Führungspositionen relativieren das Bild noch einmal: Sie deuten darauf hin, dass strukturiertes Denken — also ein bewusster, nachvollziehbarer Prozess des Abwägens — stärker mit langfristigem Erfolg korreliert als das, was häufig als „Bauchgefühl“ bezeichnet wird. Interessant ist dabei, wie diese Untersuchungen Intuition einordnen: nicht als Gegenspieler von strukturiertem Denken, sondern bestenfalls als einen Bestandteil davon — ein Element, das innerhalb eines größeren, bewussten Prozesses seinen Platz hat, aber diesen Prozess nicht ersetzt.

Das passt zu allem, was in diesem Kapitel bisher gesagt wurde. Es bestätigt noch einmal: Die Frage ist nie „Kopf oder Bauch?“. Die Frage ist, wie beides zusammenwirkt — und ob das, was sich wie Intuition anfühlt, tatsächlich aus einem kalibrierten Bereich stammt oder nicht.

Was diese neueren Untersuchungen zusätzlich nahelegen, ist eine Verschiebung der Frage selbst. Bisher lautete die Frage in diesem Kapitel: Ist dieses intuitive Urteil verlässlich oder nicht? Eine ebenso wichtige Frage ist aber: *Wo* findet dieses Urteil eigentlich statt — in welchem Teil dessen, was einen Menschen ausmacht?

Die Antwort, die sich aus der neurowissenschaftlichen Forschung ergibt — und die im nächsten Kapitel ausführlicher behandelt wird —, ist überraschend konkret: Ein erheblicher Teil dessen, was als Intuition erlebt wird, ist nicht „im Kopf" in dem Sinn, wie man sich Denken normalerweise vorstellt. Es ist eng verbunden mit Signalen aus dem Körper — mit einem Zustand, der einer Entscheidung vorausgeht und sie mitprägt, lange bevor irgendein Gedanke dazu formuliert ist. Damit verschiebt sich der Blick von „Intuition als schnelles Denken" zu „Intuition als etwas, das untrennbar mit dem Zustand des ganzen Systems zusammenhängt" — ein Gedanke, der im nächsten Kapitel zur zentralen Frage wird.

Intuition ist nicht allein

Eine weitere Beobachtung zieht sich durch viele Untersuchungen zu Entscheidungen unter Unsicherheit: Menschen verlassen sich selten auf eine einzige Quelle von Information.

Selbst dort, wo Entscheidungen später als „intuitiv" beschrieben werden, zeigt sich bei genauerem Hinsehen oft ein Zusammenspiel verschiedener

Ebenen. Erfahrungen, die als plötzliches Wissen auftauchen. Körperreaktionen, die früh auf eine Unstimmigkeit hinweisen, lange bevor diese benannt werden kann. Emotionen, die anzeigen, was in einer Situation eigentlich auf dem Spiel steht. Bewusste Analyse, die Optionen gegeneinander abwägt und einen Rahmen schafft, innerhalb dessen all das andere überhaupt einen Platz findet.

Im Rückblick wird oft nur eine dieser Ebenen benannt — meist die, die sich am deutlichsten als „Gefühl“ oder „Eingebung“ zeigte. Die anderen waren ebenfalls da, liefen aber im Hintergrund mit, unbenannt.

Die eigentliche Frage lautet deshalb vielleicht nicht, ob Intuition richtig oder falsch ist. Sondern ob sie allein entscheiden muss — oder ob sie eine von mehreren Stimmen ist, die bei einer Entscheidung mitsprechen.

Was an dieser Stelle bleibt

Mit diesem Kapitel ist ein vorsichtiger, aber wichtiger Schritt getan. Das Phänomen, das am Ende von Kapitel 3 noch namenlos war — „etwas, das in der Lücke arbeitet, wenn Erfahrung, Analyse und Gewissheit nicht reichen“ — hat jetzt einen Namen und eine erste Beschreibung.

Aber diese Beschreibung ist absichtlich unvollständig. Sie sagt: Intuition existiert, sie ist real, sie kann unter bestimmten Bedingungen erstaunlich präzise sein — und unter anderen Bedingungen kann sie sich identisch anfühlen, ohne diese Präzision zu haben.

Was noch nicht gesagt wurde, ist die eigentlich entscheidende Frage: Wo findet das alles statt? Wenn ein Urteil „ankommt", bevor der Verstand es begründen kann — wo genau geschieht das? Ist es überhaupt sinnvoll, das als einen rein gedanklichen Vorgang zu beschreiben — als etwas, das „im Kopf" passiert, nur eben schneller und unbewusster als sonst?

Diese Frage führt zu einem größeren Bild als dem, das bisher gezeichnet wurde. Und mit diesem größeren Bild beginnt das nächste Kapitel.

Intuition ist nicht das Gegenteil von Wissen. Sie ist Wissen, dessen Herkunft sich der Erinnerung entzogen hat — und genau deshalb so leicht mit anderen, lauteren Gefühlen verwechselt wird.

Rastplatz

In welchem Bereich deines Lebens hast du die meiste Erfahrung mit unmittelbarem, ehrlichem Feedback — wo du schnell erfährst, ob eine Einschätzung richtig war?

Vertraust du deinem Gespür dort mehr als in Bereichen,
die neu für dich sind?

Und merkst du im Alltag den Unterschied zwischen beidem?

Kapitel 5
Das Gehirn ist kein Taschenrechner

Stellen Sie sich zwei Tage vor.

An beiden Tagen liegt Ihnen dieselbe Entscheidung vor. Dieselben Zahlen, dieselben Optionen, dieselben Argumente — auf dem Papier identisch. Am ersten Tag haben Sie gut geschlafen, der Morgen war ruhig, ein Gespräch zuvor ist gut verlaufen. Am zweiten Tag haben Sie schlecht geschlafen, der Vormittag war voller kleiner Reibungen, und ein Kollege hat in einem Nebensatz etwas gesagt, das nachwirkt.

Würden Sie an beiden Tagen dieselbe Entscheidung treffen?

Die ehrliche Antwort lautet meistens: wahrscheinlich nicht. Nicht radikal anders — aber anders. Vielleicht würden Sie sich am zweiten Tag für die vorsichtigere Option entscheiden, ohne dass Sie das mit den Fakten begründen könnten. Vielleicht würden Sie ein Risiko, das Sie am ersten Tag locker tragbar fänden, am zweiten Tag als zu groß empfinden. Die Fakten haben sich nicht verändert. Etwas anderes hat sich verändert.

Das ist die Beobachtung, mit der dieses Kapitel beginnt — und sie ist unauffälliger, als sie zunächst klingt. Denn sie stellt eine Vorstellung in Frage, die so selbstverständlich ist, dass sie kaum je ausgesprochen wird: die Vorstellung, eine Entscheidung sei im Kern eine Rechnung. Eingabe, Verarbeitung, Ergebnis. Wer die gleichen Zahlen eingibt, sollte das gleiche

Ergebnis bekommen — unabhängig davon, wer rechnet und an welchem Tag.

Der stillschweigende Vertrag

In den vorangegangenen Kapiteln wurde an mehreren Stellen sichtbar, dass dieser Vertrag nicht hält. Erfahrung schützt nicht vollständig vor Fehlentscheidungen. Mehr Analyse löst nicht jedes Problem. Gewissheit kommt oft nie. Und es gibt ein Phänomen, das sich nicht als reines Denken beschreiben lässt, aber trotzdem real ist: Intuition, verdichtete Erfahrung, die etwas „weiß", bevor es begründet werden kann.

Jede dieser Beobachtungen für sich ließe sich noch als Ausnahme behandeln — als kleine Unschärfe in einem grundsätzlich funktionierenden System. Zusammen ergeben sie jedoch ein anderes Bild. Sie deuten darauf hin, dass die Grundannahme selbst nicht stimmt: dass Entscheidungen im Kopf entstehen, durch einen Prozess, der im Prinzip wie eine Rechnung funktioniert, nur komplizierter.

Was wäre, wenn diese Grundannahme schlicht zu klein ist?

Eine Entscheidung, zweimal betrachtet

Um das greifbarer zu machen, lohnt sich ein Blick auf eine Situation, wie sie in Unternehmen häufig vorkommt: die Entscheidung über eine neue Stelle in einem Team — eine von zwei Kandidatinnen oder Kandidaten soll ausgewählt werden.

Die Unterlagen sind vergleichbar gut. Beide haben überzeugende Referenzen, beide haben in den Gesprächen kompetent geantwortet, beide würden fachlich passen. Eine Entscheidung „nach den Zahlen“ wäre hier kaum möglich — es gibt keine Zahlen, die den Unterschied machen.

Am Ende eines langen Tages, nach mehreren Gesprächen, mehreren anderen Themen, einem Konflikt im Team, der noch ungelöst ist — an diesem Tag fällt die Entscheidung für Kandidat A. Die Begründung: Kandidat A wirkte „klarer“, „direkter“, jemand, der schnell Orientierung geben kann. Genau das, was das Team jetzt zu brauchen scheint.

Stellen Sie sich nun vor, dieselbe Entscheidung wäre an einem anderen Tag gefallen. Einem Tag, an dem der Konflikt im Team bereits gelöst war, an dem die vorherigen Gespräche entspannt verlaufen sind, an dem genug Zeit für eine Pause war. Möglich, dass an diesem Tag dieselbe Eigenschaft — „klar“, „direkt“ — anders eingeordnet worden wäre. Vielleicht als „etwas dominant“. Und Kandidat B, mit einer ruhigeren, zurückhaltenderen Art, hätte plötzlich den Eindruck von „Tiefe“ statt von „Unentschlossenheit“ gemacht.

Dieselben zwei Menschen. Dieselben Unterlagen. Andere Entscheidung — nicht, weil sich die Kandidaten verändert hätten, sondern weil sich der Zustand der entscheidenden Person verändert hat, und mit ihm die Bedeutung, die denselben beobachteten Eigenschaften gegeben wurde.

Das Unbehagen an dieser Stelle ist verständlich: Heißt das, solche Entscheidungen sind beliebig? Dem Zufall der Tagesform unterworfen?

Nicht beliebig — aber auch nicht frei von dem, was diese Tagesform ausmacht. Und genau das ist der Punkt, an dem es interessant wird.

Was an einem schlechten Tag tatsächlich anders ist

Es ist nicht so, dass an einem schlechten Tag weniger gedacht wird, oder schlechter im Sinne von dümmer. Die Rechenfähigkeit ist dieselbe. Was sich verändert, ist etwas, das der Verarbeitung vorausgeht — eine Art Hintergrundzustand, der jede Information, bevor sie überhaupt bewertet wird, bereits mit einem Vorzeichen versieht.

Eine Eigenschaft, die an einem ruhigen Tag neutral wirkt, kann an einem angespannten Tag bereits „unangenehm" wirken, bevor irgendein Argument dafür oder dagegen formuliert wurde. Im Beispiel von eben: „direkt" konnte an einem Tag wie „klärend" wirken — und an einem anderen wie „zu viel". Nicht, weil sich die Eigenschaft verändert hätte. Sondern weil der Hintergrund, vor dem sie wahrgenommen wurde, sich verändert hat.

Dieser Hintergrundzustand ist nicht „Störung". Er ist nicht etwas, das im Idealfall wegfallen sollte, damit reines Denken übrigbleibt. Er ist Teil des Denkens selbst. Es gibt keine Version von „Entscheiden", die ohne ihn funktioniert — es gibt nur Versionen, in denen er unbemerkt bleibt.

Der Beweis durch das, was fehlt

Eine der eindrücklichsten Belege für diesen Zusammenhang stammt nicht aus der Beobachtung, was passiert, wenn dieser Hintergrundzustand vorhanden ist — sondern aus der Beobachtung, was passiert, wenn er fehlt.

Der Neurowissenschaftler Joseph LeDoux hat gezeigt, dass emotionale Bewertungen im Gehirn schneller ablaufen als bewusstes Denken — und zwar strukturell, nicht situativ. Das Gehirn bewertet eine Situation körperlich und emotional, bevor die bewusste Wahrnehmung überhaupt einsetzt. Dieser Hintergrundzustand ist kein Zusatz zum Denken. Er ist dem Denken vorgelagert.

Was bei Menschen fehlt, denen dieser Zugang beschädigt ist, ist genau jenes leise Vorzeichen, das normalerweise jede Option begleitet, bevor der Verstand überhaupt mit der Bewertung beginnt. Ohne dieses Vorzeichen bleibt die Analyse vollständig intakt — aber sie führt nicht mehr zuverlässig zu einer Entscheidung, die für die Person selbst gut war.

Das ist ein bemerkenswerter Befund, weil er die übliche Erwartung umdreht. Man könnte annehmen: Wer emotional "neutraler" ist, sollte rationaler entscheiden — unbeeinflusst von Stimmungen, Gefühlen, Körperzuständen. Die Beobachtung zeigt das Gegenteil: Ohne diese Beteiligung wird die Entscheidungsfähigkeit nicht reiner, sondern brüchiger.

Übertragen auf das Beispiel von eben: Eine Person, die bei der Personalentscheidung überhaupt keinen "Bauch" mehr hätte — kein Gefühl für die Atmosphäre im Gespräch, keine Reaktion auf die Art, wie jemand auftritt, keine Resonanz auf Zwischentöne — würde nicht "objektiver" entscheiden. Sie hätte schlicht eine ganze Kategorie von Informationen verloren, die in einer Situation ohne klare Zahlen oft den entscheidenden Unterschied ausmacht.

Warum dieses Bild größer ist, als es zunächst scheint

An dieser Stelle könnte der Eindruck entstehen, es ginge hier vor allem um eine Einschränkung: Entscheidungen seien weniger zuverlässig, als man dachte, weil sie von Tagesform, Körperzustand, Stimmung abhängen.

Das greift zu kurz. Es geht nicht darum, dass Entscheidungen unzuverlässiger sind als gedacht. Es geht darum, dass sie anders zustande kommen als gedacht — und dass dieses „Anders“ kein Defekt ist, sondern die eigentliche Funktionsweise.

Ein Taschenrechner verarbeitet Eingaben kontextfrei. Zwei plus zwei ist vier, unabhängig davon, ob der Taschenrechner „müde“ ist, ob er gestern eine schwierige Rechnung hatte, ob ihm das Ergebnis „komisch vorkommt“. Genau diese Eigenschaften — Zustand, Vorgeschichte, ein Gefühl für etwas — fehlen einem Taschenrechner vollständig. Das macht ihn zuverlässig für das, was er tut: für Aufgaben, bei denen es eine eindeutig richtige Antwort gibt, unabhängig vom Kontext.

Die meisten Entscheidungen, die in Führung und Verantwortung tatsächlich zu treffen sind, sehen nicht so aus. Sie betreffen Menschen, Situationen, Zeitpunkte — Dinge, bei denen der Kontext nicht stört, sondern zur Aufgabe gehört. Ein Mensch, der entscheidet, ist kein Taschenrechner mit ein paar zusätzlichen, störenden Eigenschaften. Diese Eigenschaften — Zustand, Vorgeschichte, ein Gefühl für etwas — sind der Grund, warum menschliche Entscheidungen in komplexen, unsicheren Situationen oft überhaupt funktionieren. Sie liefern etwas, das eine kontextfreie Rechnung nicht liefern kann: eine Einordnung dessen, was gerade wichtig ist, basierend auf allem, was vorher war.

Was das für die bisherigen Kapitel bedeutet

Mit diesem Bild lässt sich auf die vorangegangenen Kapitel zurückblicken — nicht, um sie zu wiederholen, sondern um zu sehen, wie sie zusammenhängen.

Dass Erfahrung nicht vollständig schützt, liegt unter anderem daran, dass Erfahrung sich nicht nur als Wissen ablegt, sondern auch als Hintergrundzustand — als ein Gefühl von „das kenne ich", das auch dann auftritt, wenn die aktuelle Situation sich nur ähnlich, aber nicht gleich verhält.

Dass Analyse Grenzen hat, liegt unter anderem daran, dass Analyse versucht, etwas vollständig in der „Rechenebene" zu lösen, was teilweise auf einer anderen Ebene entschieden wird — und diese andere Ebene durch weiteres Rechnen nicht erreicht wird. Die Personalentscheidung von eben hätte sich durch eine dritte, vierte, fünfte Gesprächsrunde nicht „eindeutiger" gemacht. Die fehlende Eindeutigkeit lag nicht in den Daten.

Dass Gewissheit oft nie kommt, hängt damit zusammen, dass ein Teil dessen, was eine Entscheidung tragfähig macht, kein zusätzliches Faktum ist, das noch beschafft werden könnte — sondern ein Zustand, eine Einordnung, ein Gefühl von Stimmigkeit, das sich nicht durch mehr Daten erzeugen lässt.

Und Intuition — das Wissen, das sich noch nicht begründen lässt — ist aus dieser Perspektive nichts Geheimnisvolles. Es ist genau dieser Hintergrundzustand, der zu einem Ergebnis kommt, bevor die „Rechnung" auf der bewussten Ebene überhaupt abgeschlossen ist.

Eine neue Frage

Wenn das stimmt, verändert sich eine Frage, die bisher unausgesprochen im Raum stand.

Die alte Frage lautete: Wie schaffe ich es, eine Entscheidung möglichst „rein" zu treffen — ohne dass Tagesform, Stimmung, Körperzustand sie verzerren?

Diese Frage setzt voraus, dass es eine Entscheidung „ohne all das" überhaupt gibt — einen Zustand reiner Berechnung, zu dem man zurückkehren könnte, wenn man nur diszipliniert genug ist. Mit dieser

Vorstellung im Hintergrund wird die Personalentscheidung von eben leicht zu einer Geschichte von Versagen: „Ich hätte das nicht von meinem Tag abhängig machen dürfen."

Die neue Frage lautet anders: Wenn jede Entscheidung ohnehin mit einem Zustand, einer Vorgeschichte, einem Gefühl für die Lage verbunden ist — wie gut kenne ich diesen Teil meines eigenen Prozesses? Wie viel davon ist mir zugänglich, und wie viel läuft unbemerkt mit?

Aus dieser Perspektive verändert sich der Blick auf die Geschichte von eben. Die Frage ist nicht mehr: „Hätte ich tagesformunabhängig entscheiden sollen?" Sondern: „Hätte ich erkennen können, dass mein Wunsch nach Klarheit an diesem Tag besonders groß war — und dass das möglicherweise mit in die Bewertung von 'klar' und 'direkt' eingeflossen ist?" Das ist keine kleine Verschiebung. Sie bedeutet: Die Suche nach einer besseren Entscheidungsgrundlage führt nicht ausschließlich nach außen — zu mehr Daten, mehr Analyse, mehr Information. Sie führt auch nach innen — zu der Frage, was für ein System da eigentlich entscheidet, und womit es arbeitet, neben den Fakten.

Ein neues Bild vom Menschen, der entscheidet

An diesem Punkt lässt sich die Bewegung dieses Buches in einem Satz zusammenfassen: Das bisherige Modell vom Menschen, der entscheidet, war zu klein.

Nicht falsch in dem Sinne, dass Logik, Analyse, Fakten unwichtig wären. Sie bleiben zentral — auch in der Personalentscheidung waren die fachlichen Qualifikationen beider Kandidaten die notwendige Grundlage, ohne die gar keine sinnvolle Wahl möglich gewesen wäre. Aber sie sind nicht das ganze System. Sie sind ein Teil eines größeren Systems — eines Systems, das einen Zustand hat, eine Geschichte, eine fortlaufend mitgeschriebene Landkarte, die jede Entscheidung von Anfang an mitprägt.

Wenn das stimmt, dann ist die nächste Frage fast unausweichlich: Was bin ich dann — wenn nicht ein Rechenwerk, das zufällig auch einen Körper hat?

Diese Frage führt zu einem Bild, das im weiteren Verlauf dieses Buches eine zentrale Rolle spielen wird. Aber bevor dieses Bild eingeführt wird, lohnt sich ein Moment des Innehaltens — bei der Beobachtung, mit der dieses Kapitel begann.

Die Eingabe ist nie neutral. Sie ist bereits gefärbt von Zustand, Erfahrung, Körper, Stimmung — und das Ergebnis steht in gewissem Sinn schon vor der Rechnung zur Disposition.

Rastplatz

Denk an eine Entscheidung, die du an einem schlechten Tag wahrscheinlich anders getroffen hättest als an einem guten.

Was genau hätte sich unterschieden — die Fakten? Oder du?

Kapitel 6
Warum jedes Fahrzeug anders gebaut ist

Es gibt einen Satz, der in Unternehmen so oft fällt, dass er kaum noch auffällt: „Das hat bei mir auch funktioniert."

Er ist meist gut gemeint. Jemand erzählt von einer Methode, einer Routine, einem Weg, mit Druck umzugehen — und gibt ihn weiter, in der ehrlichen Überzeugung, etwas Hilfreiches zu teilen. Früh aufstehen. Sport vor der Arbeit. Alles sofort erledigen, nichts aufschieben. Klare Trennung zwischen Arbeit und Privatleben — oder, bei anderen, gerade keine Trennung, sondern volle Integration. Entscheidungen schnell treffen und nicht zurückblicken.

Jeder dieser Ratschläge stammt aus echter Erfahrung. Und jeder von ihnen funktioniert — für die Person, die ihn gibt.

Was selten mitgesagt wird, ist die zweite Hälfte des Satzes: „...bei mir."

Eine Frage, die selten gestellt wird

Was wäre, wenn die Frage nicht lautet: Welche Methode ist die richtige? Sondern: Für wen ist welche Methode richtig — und warum funktioniert dieselbe Methode bei einer Person und nicht bei einer anderen, obwohl beide sie ernsthaft versuchen?

Diese Frage wird selten gestellt, weil sie eine Annahme infrage stellt, die so tief sitzt, dass sie kaum als Annahme erkennbar ist: die Annahme, dass es im Kern eine funktionierende Art gibt, mit Anforderungen, mit Druck, mit Entscheidungen umzugehen — und dass Unterschiede zwischen Menschen vor allem Unterschiede in Disziplin, Willenskraft oder Talent sind.

Aus dieser Annahme folgt fast automatisch eine zweite: Wenn eine Methode bei mir nicht funktioniert, obwohl sie bei anderen funktioniert, liegt das Problem bei mir.

Es gibt eine andere Möglichkeit. Vielleicht liegt das Problem nicht in der Person, die die Methode anwendet. Sondern in der Vorstellung, dass es überhaupt eine Methode geben könnte, die für alle gleich gut funktioniert.

Eine Rastplatz-Szene

Stellen Sie sich vier Fahrzeuge vor, die auf derselben Autobahn unterwegs sind.

Ein Sportwagen, der in jeder Kurve aufzublühen scheint — leicht, präzise, fast ungeduldig auf der Geraden, aber in seinem Element, sobald die Straße sich windet. Ein großer Reisewagen, gebaut für die lange Strecke — bei hohem Tempo über Stunden ruhig und stabil, in engen Kurven dagegen sichtlich unwohl. Ein kleines, sparsames Modell, das seine eigentliche Stärke gar nicht im Fahren selbst zeigt, sondern darin, wie wenig es dabei verbraucht — leise zufrieden mit jedem Kilometer, der fast nichts kostet.

Und ein Geländewagen, der auf der Autobahn eher schwerfällig wirkt, aber genau dann zu sich findet, wenn der Asphalt aufhört und das Gelände uneben wird.

Alle vier fahren auf derselben Straße, unter denselben äußeren Bedingungen — derselbe Asphalt, dasselbe Wetter, derselbe Verkehr. An einem Rastplatz halten alle vier gleichzeitig.

Die vier Fahrer kommen ins Gespräch. Der eine schwärmt davon, wie sein Wagen in Kurven liegt — präzise, direkt, fast spielerisch. Der zweite kann das nicht nachvollziehen; sein Wagen reagiert auf Lenkbewegungen träger, dafür liegt er bei hohem Tempo butterweich auf der Straße, stundenlang, ohne zu ermüden. Der dritte berichtet stolz, wie wenig er getankt hat — eine Zahl, von der die anderen nur träumen können, deren Wagen dafür aber Leistungen bringen, die der Sparsame nie erreichen würde. Der vierte erzählt von einer Steigung querfeldein, die er mühelos gemeistert hat — eine Situation, die für die anderen drei gar nicht vorgesehen wäre, und in der sie ziemlich verloren wirken würden.

Für einen Moment könnte aus diesem Gespräch etwas Falsches entstehen: der Eindruck, einer der vier hätte das „beste“ Fahrzeug, und die anderen drei sollten versuchen, ähnlicher zu werden. Der Sparsame fühlt sich plötzlich schwerfällig, weil er nicht in die Kurven gehen kann wie der Sportwagen. Der Sportwagen fühlt sich plötzlich verschwenderisch, weil sein Verbrauch nie an den des Kleinwagens herankommt.

Aber das ist nicht das, was tatsächlich passiert ist. Was passiert ist: Vier Fahrzeuge mit vier unterschiedlichen Bauweisen haben dieselbe Strecke auf vier unterschiedliche Arten erlebt — und jede dieser Erfahrungen war für das jeweilige Fahrzeug zutreffend. Die Regel „in Kurven liegt mein Wagen perfekt" gilt für den Sportwagen. Sie gilt nicht für den Geländewagen — nicht, weil mit ihm etwas nicht stimmt, sondern weil er anders gebaut ist, und seine eigentliche Stärke woanders liegt.

Was diese Szene über Menschen sagt

Diese Szene ist mehr als ein Bild. Sie beschreibt etwas, das sich in jedem Team, in jeder Familie, in jeder Gruppe von Menschen wiederfinden lässt, die scheinbar denselben Bedingungen ausgesetzt sind.

Dieselbe Arbeitsbelastung. Derselbe Zeitplan. Dieselben Erwartungen. Und trotzdem: völlig unterschiedliche Erfahrungen damit. Eine Person blüht in Phasen mit vielen parallelen Themen auf — für sie fühlt sich das nicht nach Überforderung an, sondern nach Energie, fast wie der Sportwagen in der Kurve. Eine andere Person braucht für dieselbe Menge an Parallelität deutlich länger, um sich danach zu erholen — nicht, weil sie weniger leistungsfähig wäre, sondern weil ihr System anders auf Parallelität reagiert, eher wie der Reisewagen, der seine Stärke auf der langen, ruhigen Geraden hat.

Eine Person trifft Entscheidungen am liebsten schnell, im Gespräch, im Hin und Her von Argumenten — für sie ist das der Ort, an dem Klarheit entsteht. Eine andere Person braucht für dieselbe Entscheidung Zeit allein, Abstand vom Gespräch, um überhaupt zu merken, was sie eigentlich denkt. Beide können zu guten Entscheidungen kommen. Aber der Weg dorthin sieht fundamental anders aus.

Was in Organisationen oft passiert, ist genau das, was in der Rastplatz-Szene fast passiert wäre: Eine Bauweise wird zur Norm erklärt — meist die, die am lautesten, am sichtbarsten, am leichtesten zu beschreiben ist. Und alle anderen Bauweisen werden daran gemessen, wie nah sie dieser einen kommen.

Warum diese Unterschiede real sind — keine Frage des Charakters

Es ist naheliegend, solche Unterschiede als „Persönlichkeit“ abzutun — als etwas, das zwar real ist, aber letztlich beliebig, eine Frage von Vorliebe und Gewohnheit.

Tatsächlich liegt diesen Unterschieden mehr zugrunde, als der Begriff „Persönlichkeit“ oft suggeriert. Die Forschung spricht hier von individuellen Unterschieden in Reizverarbeitung und Temperament: Schon dieselbe Situation wird von verschiedenen Nervensystemen unterschiedlich intensiv wahrgenommen — manche registrieren mehr, schneller, intensiver; andere brauchen stärkere Reize, um überhaupt eine Reaktion zu zeigen. Das ist keine Frage von „stark“ oder „schwach“. Es ist eine Frage der Bauweise.

Auch die Fähigkeit, innere Körpersignale wahrzunehmen — die im nächsten Kapitel eine zentrale Rolle spielen wird — ist von Mensch zu Mensch unterschiedlich ausgeprägt. Zwei Menschen können derselben Situation ausgesetzt sein, und einer registriert eine feine körperliche Reaktion, die der andere gar nicht bemerkt — nicht, weil einer von beiden „besser in Kontakt mit sich" wäre, sondern weil die Systeme unterschiedlich kalibriert sind.

Und selbst dort, wo Erfahrungen sich ähneln, prägen sie sich unterschiedlich ein. Zwei Menschen, die eine vergleichbare Situation durchlebt haben — etwa eine schwierige berufliche Phase — tragen daraus unterschiedliche innere „Markierungen" davon: für den einen mag eine bestimmte Art von Drucksituation seitdem mit Anspannung verknüpft sein, für den anderen mit Konzentration. Gleiche Situation, unterschiedliche Spur.

All das zusammen ergibt etwas, das sich nur unzureichend mit „jeder ist anders" beschreiben lässt. Es ist präziser: Jedes System ist anders kalibriert — und reagiert deshalb auf dieselben äußeren Bedingungen mit unterschiedlichen inneren Antworten.

Die Falle des Vergleichs

Hier liegt eine Falle, die besonders leistungsorientierte Menschen oft betrifft — und die in der Rastplatz-Szene fast sichtbar wurde, bevor sie aufgelöst wurde.

Wenn die eigene Erfahrung mit einer Situation sich von der Erfahrung einer anderen Person unterscheidet — etwa: „Ich brauche danach länger, um mich zu erholen, als meine Kollegin" — gibt es zwei mögliche Lesarten.

Die erste Lesart: Mit mir ist etwas nicht in Ordnung. Ich sollte das auch so leicht wegstecken können wie sie.

Die zweite Lesart: Wir sind unterschiedlich gebaut, und diese Situation beansprucht unsere jeweiligen Systeme unterschiedlich.

Der Unterschied zwischen diesen beiden Lesarten ist gewaltig — auch wenn die zugrunde liegende Beobachtung identisch ist. Die erste Lesart führt zu einem Ziel, das im Grunde unerreichbar ist: ein anderes System zu werden. Die zweite Lesart führt zu einer Frage, die tatsächlich beantwortbar ist: Was braucht dieses System, um mit dieser Art von Beanspruchung gut umzugehen?

Das ist keine kleine Umformulierung. Die erste Lesart erzeugt einen Kampf gegen die eigene Bauweise — einen Kampf, der nie gewonnen werden kann, weil das Ziel selbst unerreichbar ist. Die zweite Lesart erzeugt Neugier. Und Neugier ist eine völlig andere Ausgangslage als der Versuch, etwas an sich zu korrigieren, das gar kein Fehler ist.

Was das mit Führung zu tun hat

Auch hier gilt: Dieses Kapitel handelt nicht von Selbstoptimierung, sondern von Entscheidungen — und Führung ist die Praxis, in der diese Unterschiede ständig eine Rolle spielen, ob bemerkt oder nicht.

Eine Führungskraft, die ihre eigene Bauweise nicht kennt, wird mit hoher Wahrscheinlichkeit genau die Strukturen schaffen, die für ihre eigene Bauweise funktionieren — und davon ausgehen, dass diese Strukturen für alle gut sind. Wer selbst am besten unter Zeitdruck arbeitet, neigt dazu, Zeitdruck als produktives Werkzeug zu sehen. Wer selbst Entscheidungen am liebsten sofort trifft, empfindet das Bedürfnis anderer nach Bedenkzeit leicht als Zögerlichkeit.

Keine dieser Einschätzungen ist böswillig. Sie ist die natürliche Folge davon, die eigene Bauweise für die Bauweise zu halten — für das, „wie Menschen eben sind", statt für eine von mehreren möglichen Varianten.

Die Konsequenzen zeigen sich oft nicht sofort, sondern über Zeit: Teams, in denen bestimmte Arten von Beiträgen — die schnellen, lauten, unmittelbar formulierten — systematisch mehr Gewicht bekommen als andere — die langsameren, leiseren, die mehr Zeit zur Reife brauchen. Nicht, weil die zweite Art von Beitrag weniger wert wäre. Sondern weil das System, in dem beide Arten aufeinandertreffen, nach den Maßstäben einer einzigen Bauweise gestaltet ist.

Bauweise ist nicht Ausrede

An dieser Stelle ist eine Klarstellung wichtig, die im weiteren Verlauf dieses Buches noch öfter eine Rolle spielen wird.

Die eigene Bauweise zu kennen bedeutet nicht, sich hinter ihr zu verstecken. „Das ist einfach meine Art“ kann eine Beobachtung sein — oder eine Tür, die zugemacht wird, bevor überhaupt etwas angeschaut wurde.

Der Unterschied liegt in der Richtung, in die der Gedanke weitergeht. „Ich brauche nach intensiven Phasen mehr Erholung als andere — also plane ich das bewusst ein“ ist etwas anderes als „Ich brauche mehr Erholung als andere — also kann ich bestimmte Aufgaben grundsätzlich nicht übernehmen“. Das erste nutzt die Erkenntnis, um besser mit der eigenen Bauweise zu arbeiten. Das zweite nutzt sie, um sich von vornherein aus etwas zurückzuziehen.

Die eigene Bauweise zu kennen, verändert nicht, was von einem erwartet werden kann. Sie verändert, wie dahin gearbeitet wird.

Eine Eigenschaft, die vielleicht kein Fehler ist

Es gibt eine bestimmte Art von Selbstgespräch, die vielen Menschen vertraut ist — meist so leise und gewohnt, dass es kaum als eigener Gedanke auffällt: eine Eigenschaft an sich selbst, die man seit Jahren zu verändern versucht.

Vielleicht die Tendenz, lange über Dinge nachzudenken, bevor man sie ausspricht. Vielleicht eine starke Reaktion auf Stimmungen im Raum, die man am liebsten „abstellen" würde. Vielleicht das Bedürfnis nach Strukturen und Plänen, das in einem Umfeld, das Flexibilität feiert, wie ein Defizit wirkt. Vielleicht genau umgekehrt: eine Vorliebe für Spontaneität, die in einem Umfeld, das Planung schätzt, wie Unzuverlässigkeit aussieht.

Was wäre, wenn diese Eigenschaft kein Fehler ist, der korrigiert werden muss — sondern Teil der eigenen Bauweise, die bisher an den falschen Maßstäben gemessen wurde?

Das ist keine Aufforderung, jede Eigenschaft als unveränderlich zu betrachten. Aber es ist eine Einladung, vor der Frage „Wie werde ich das los?" eine andere Frage zu stellen: „Ist das, was ich hier sehe, tatsächlich ein Fehler — oder ist es ein Teil meiner Bauweise, der bisher keinen passenden Platz hatte?"

Wenn ein Fahrzeug falsch bedient wird

Es gibt noch eine zweite Art, wie die eigene Bauweise zum Problem werden kann — und sie ist subtiler als die Frage, ob man überhaupt weiß, was für ein Fahrzeug man ist.

Ein Sportwagen, der dauerhaft im Stadtverkehr bei dreißig Stundenkilometern bewegt wird, hat kein technisches Problem. Er funktioniert, fährt, kommt an. Aber er wird nie das tun, wofür er gebaut ist

— und mit der Zeit zeigt sich das, auf eine Weise, die schwer zu benennen ist. Nicht als Defekt. Eher als ein diffuses Gefühl von Unterforderung, das sich nicht recht rechtfertigen lässt, weil ja „alles in Ordnung“ ist.

Das Gegenstück dazu: ein Reisewagen, gebaut für die lange, gleichmäßige Strecke, der ständig in enge Kurven gezwungen wird — abrupt bremsen, abrupt beschleunigen, ständiger Wechsel. Auch er funktioniert, eine Zeit lang. Aber die Art von Beanspruchung, für die er nicht gebaut ist, hinterlässt Spuren, die anders aussehen als die der Unterforderung: nicht Leere, sondern Verschleiß.

Beide Formen von Fehlbedienung erzeugen, von außen betrachtet, ein ähnliches Bild — Erschöpfung, Frustration, ein nachlassendes Engagement. Genau das macht sie so schwer zu unterscheiden, und genau deshalb wird oft mit derselben Antwort reagiert: mehr Erholung, weniger Termine, ein Urlaub. Bei Verschleiß durch falsche Beanspruchung kann das helfen. Bei Unterforderung verändert es nichts — die Person kommt erholt zurück, in dieselbe zu enge Bahn, und das diffuse Gefühl ist nach kurzer Zeit wieder da.

Der Unterschied liegt nicht in der Erschöpfung selbst, sondern in ihrer Richtung. Verschleiß fühlt sich an wie: zu viel von dem, was mich beansprucht, ohne dass es zu mir passt. Unterforderung fühlt sich an wie: zu wenig von dem, wofür ich eigentlich gebaut bin — selbst wenn objektiv „genug“ zu tun ist.

Beide Formen sind Fehlbedienung. Und beide lassen sich nicht durch mehr Disziplin lösen, sondern nur durch eine genauere Frage:
Nicht *wie viel* wird gerade von mir verlangt — sondern *welche Art* von Beanspruchung trifft auf welche Art von Bauweise?

Denn jedes Fahrzeug besitzt etwas, das wichtiger ist als seine Leistung: ein Armaturenbrett. Die Frage ist nur, ob der Fahrer gelernt hat, die Anzeigen zu lesen.

Rastplatz

Welche Eigenschaft an dir versuchst du seit Jahren zu verändern, obwohl sie vielleicht gar kein Fehler ist — sondern Teil deiner Bauweise?

Kapitel 7
Die Warnlampen des Körpers

Der Druck kam meist erst dann, wenn der Tag eigentlich vorbei war. Nach dem Pendeln. Nach den Meetings. Nach den offenen Punkten auf der Baustelle. Nach den Dingen, die noch erledigt werden mussten, bevor morgen wieder begann.

Wenn die Haustür ins Schloss fiel. Wenn die Kinder im Bett waren. Wenn endlich Ruhe einkehrte.

Ein Druck im Bauch. Manchmal ein Brennen darüber. Nichts, was einen Arztbesuch gerechtfertigt hätte. Nichts, das einen Tag gestoppt hätte. Aber auch nichts, das man einfach übersehen konnte, wenn man ehrlich war.

Es gab keinen Anlass, der dazu gepasst hätte. Der Tag war gut gelaufen. Entscheidungen getroffen, Termine eingehalten, das Projekt einen Schritt weiter. Wenn überhaupt, hätte man erwarten können, zufrieden ins Wohnzimmer zu gehen. Stattdessen: dieser Druck. Als hätte sich etwas den ganzen Tag über zurückgehalten und meldete sich erst jetzt, in der Pause, zu Wort.

Die naheliegende Reaktion war: nichts. Ein Glas Wasser vielleicht. Der Gedanke, dass es am Essen gelegen haben könnte, an der Tasse Kaffee zu viel, an der sitzenden Position im Auto. Morgen würde es besser sein. Und manchmal war es das auch. Bis zum nächsten Abend.

Im Rückblick ist das der Moment, an dem dieses Kapitel beginnt. Nicht in einer Krise. Nicht in einem Zusammenbruch. Sondern an einem gewöhnlichen Abend, mit einem Gefühl, das zu klein war, um es ernst zu nehmen — und zu beständig, um es zu vergessen.

Eine Sprache, die wir verlernt haben

Die meisten von uns sind mit einem stillschweigenden Vertrag aufgewachsen: Der Körper ist die Hardware, der Kopf ist die Software. Der Körper transportiert uns zu Terminen, hält uns aufrecht in Besprechungen, lässt uns abends ins Bett fallen. Aber die eigentliche Arbeit — Entscheiden, Bewerten, Abwägen, Führen — findet woanders statt. Im Kopf. Der Körper meldet sich höchstens, wenn etwas kaputt ist.

Aus dieser Sicht ist ein Druck im Bauch nach einem guten Tag etwas Unpassendes. Entweder man ist krank — dann gehört das Signal in die Kategorie Medizin. Oder man ist nicht krank — dann gehört es in die Kategorie Ignorieren.

Es gibt aber eine dritte Kategorie, die in diesem Vertrag gar nicht vorgesehen ist: Information. Und zwar nicht irgendeine Information — sondern eine, die mit genau dem zu tun hat, worum es in diesem Buch geht: mit Entscheidungen.

Ein Auto hat Kontrollleuchten. Niemand käme auf die Idee, eine aufleuchtende Anzeige als Defekt des Armaturenbretts zu behandeln. Die Lampe selbst ist nicht das Problem. Sie zeigt nur: Hier ist etwas, das

Aufmerksamkeit verdient. Mehr nicht. Nicht, was es ist. Nicht, wie ernst es ist. Nur: Schau hin.

Der menschliche Körper funktioniert ähnlich — nur dass viele von uns gelernt haben, die Lampen zu überkleben, statt sie zu lesen. Und das hat Folgen, die weit über das Wohlbefinden hinausgehen. Was übersehen wird, ist nicht nur ein Zustand. Es sind Informationen — und diese Informationen fehlen später genau dort, wo sie gebraucht würden: bei Entscheidungen.

Zwei Menschen, zwei Warnsysteme

Es lohnt sich, an dieser Stelle einen Schritt zur Seite zu treten — weg vom eigenen Erleben, hin zu einer Beobachtung, die sich in jedem Team wiederfinden lässt.

Stellen Sie sich zwei Menschen vor, die derselben schwierigen Situation ausgesetzt sind — sagen wir, einem Projekt, das beginnt, aus dem Ruder zu laufen. Bei der einen Person melden sich Signale früh und deutlich: ein Engegefühl schon beim ersten Anzeichen, dass ein Termin kippen könnte, eine innere Unruhe, die Tage vor dem eigentlichen Problem auftritt. Diese Person wird, wenn sie auf diese Signale reagiert, oft als „nervös“ oder „überängstlich“ wahrgenommen — schließlich ist objektiv ja noch nichts passiert.

Bei der anderen Person melden sich Signale spät, wenn überhaupt. Dieselbe Situation, dieselbe Entwicklung — aber das System reagiert erst, wenn die Lage bereits eindeutig ist. Diese Person wirkt, bis zu diesem Punkt, gelassen, belastbar, „ein Fels in der Brandung".

Beide Beschreibungen — die nervöse und die gelassene Person — sagen mehr über die Kalibrierung der jeweiligen Warnsysteme aus als über die Situation selbst. Das frühe System ist nicht überängstlich; es registriert Abweichungen, die real sind, nur eben in einem sehr frühen Stadium, in dem sie noch reversibel sind. Das späte System ist nicht gelassener im Sinne von „besser"; es registriert dieselben Abweichungen erst, wenn sie bereits ein Ausmaß erreicht haben, das schwerer zu korrigieren ist.

Für ein Team ist diese Unterschiedlichkeit, richtig verstanden, ein Gewinn: Das frühe System liefert die ersten Hinweise, das späte System liefert Stabilität, wenn die Lage tatsächlich ernst wird und Ruhe gebraucht wird. Das Problem entsteht erst, wenn eines der beiden Systeme zum Maßstab für das andere wird — wenn die frühe Reaktion als Schwäche gilt, oder die späte als Gleichgültigkeit. Dann verstummt entweder das eine oder das andere — und mit ihm genau die Information, für die es gebaut war.

Was die Forschung über diese Lampen weiß

Der Neurowissenschaftler Antonio Damasio hat in den neunziger Jahren eine Beobachtung gemacht, die bis heute nachwirkt. Er untersuchte Patienten mit Schäden in einem bestimmten Bereich des präfrontalen

Kortex — einer Region, die eng mit der Verarbeitung körperlicher und emotionaler Signale verbunden ist. Das Erstaunliche: Diese Patienten verloren nicht ihre Intelligenz. Sie konnten weiterhin logisch denken, Wissen abrufen, Probleme analysieren. Und trotzdem trafen sie im Alltag immer wieder Entscheidungen, die ihr eigenes Leben beschädigten — finanziell, beruflich, in Beziehungen.

Was ihnen fehlte, war etwas, das man leicht übersieht, solange es funktioniert: das leise körperliche Echo, das normalerweise eine Option begleitet, bevor der Verstand sie überhaupt bewertet hat. Ein Unbehagen, das sich meldet, bevor man weiß, warum. Eine Anspannung, die eine Option schon „schwer" macht, bevor irgendein Argument dagegen formuliert wurde.

Damasio nannte diese Signale somatische Marker — körperliche Markierungen, die jede Option, jede Möglichkeit, jede Erinnerung mit einer Art Vorzeichen versehen. Plus oder minus. Stimmig oder unstimmig. Lange bevor der Verstand mit seiner Analyse überhaupt beginnt.

Das Bemerkenswerte daran ist nicht, dass diese Signale existieren. Das Bemerkenswerte ist, was passiert, wenn sie fehlen: Menschen mit intaktem Wissen, intakter Logik, intakter Intelligenz — und trotzdem mit einer beschädigten Fähigkeit, gute Entscheidungen zu treffen. Nicht, weil ihnen etwas zum Denken fehlte. Sondern weil ihnen etwas zum Spüren fehlte, das normalerweise mitentscheidet.

Diese Forschung lässt sich nicht eins zu eins auf einen Druck im Bauch nach einem gewöhnlichen Arbeitstag übertragen — das wäre zu einfach. Aber sie verschiebt eine Grundannahme. Wenn selbst hochkomplexe Entscheidungen auf körperliche Signale angewiesen sind, um gut zu funktionieren, dann ist die Vorstellung, der Körper sei für das Entscheiden irrelevant, schlicht falsch. Er ist daran beteiligt — bei jeder Entscheidung, nicht nur bei den dramatischen. Die einzige Frage ist, ob jemand mitbekommt, wie.

Für diese Fähigkeit — innere Signale wie Herzschlag, Atmung, Spannung oder Druck wahrzunehmen — hat die Forschung sogar einen eigenen Begriff: Interozeption. Was sie zeigt: Diese Fähigkeit ist nicht bei allen Menschen gleich ausgeprägt — und sie ist nicht fest. Sie verändert sich mit der Zeit, mit Übung, mit Lebensumständen. Manche Menschen registrieren ein leichtes Unbehagen sofort. Andere bemerken erst etwas, wenn es laut wird. Und manche haben verlernt, überhaupt hinzuhören — nicht, weil sie unsensibler geboren wurden, sondern weil sie es sich über Jahre angewöhnt haben, nicht hinzuhören.

Der Unterschied zwischen Signal und Bedeutung

An dieser Stelle lohnt sich eine Unterscheidung, die im weiteren Verlauf dieses Buches immer wieder eine Rolle spielen wird.

Ein Druck im Bauch ist zunächst nur ein Signal. Die Bedeutung geben wir ihm später — und meistens viel zu schnell.

Manchmal bedeutet ein solches Signal: Hier stimmt etwas nicht, dem du dich noch nicht zugewandt hast. Manchmal bedeutet es: Du hast heute zu wenig getrunken, zu lange gesessen, zu viel Kaffee. Manchmal bedeutet es schlicht: Du bist müde. Und manchmal — das wird oft übersehen — bedeutet ein körperliches Signal überhaupt nichts Negatives. Es kann auch Aufregung sein. Vorfreude. Das Gefühl, dass etwas Bedeutsames bevorsteht.

Der Körper ist kein Gerichtshof, der Urteile fällt. Er ist eher ein Sensor, der Veränderungen registriert — ohne sie zu bewerten. Die Bewertung kommt von uns. Und genau hier beginnt der Fehler, der diesem Kapitel seinen Titel gibt: Wer Signal und Bedeutung verwechselt, fängt an, den Körper zu interpretieren, statt ihm zuzuhören.

Wer jedes Ziehen im Bauch sofort als Warnung vor einer falschen Entscheidung liest, gleitet schnell in eine Art innerer Wahrsagerei ab — bei der am Ende jedes Gefühl eine Botschaft trägt und nichts mehr einfach nur ein Gefühl sein darf. Das ist nicht das Gegenteil von Ignorieren. Es ist nur eine andere Form davon: Statt den Körper zu überhören, wird er überinterpretiert. Beides verfehlt, was er eigentlich tut.

Was die Warnlampe tatsächlich sagt, ist viel bescheidener — und gerade deshalb so nützlich: Hier ist etwas. Schau hin. Nicht mehr. Was dieses Etwas ist, lässt sich oft erst herausfinden, wenn man tatsächlich hinschaut — nicht, indem man sofort eine Deutung produziert.

Manche Signale entstehen so, im Inneren. Andere entstehen im Kontakt — mit einem Menschen, einem Raum, einer Situation. Auch sie beginnen oft als etwas, das man zunächst nur wahrnimmt, lange bevor man versteht, was es ist. Davon wird später noch die Rede sein.

Warum dieses Signal so leicht überhört wird

Der abendliche Druck, von dem dieses Kapitel ausgeht, hatte eine bestimmte Eigenschaft, die ihn besonders unauffällig machte: Er kam nach der Belastung, nicht während ihr.

Während eines vollen Tages — Termine, Entscheidungen, Verantwortung — ist für solche Signale ohnehin kaum Raum. Das System ist beschäftigt, ausgerichtet auf Funktionieren. Erst wenn dieser äußere Druck nachlässt, wenn ein Moment Stille entsteht, wird hörbar, was die ganze Zeit schon da war, nur überdeckt von Aktivität.

Das macht solche Signale paradox: Sie zeigen sich genau dann, wenn äußerlich alles in Ordnung zu sein scheint. Kein Streit, kein Problem, kein Anlass. Nur — Ruhe. Und in dieser Ruhe: etwas, das vorher keinen Platz hatte, sich zu zeigen.

Wer diesen Zusammenhang nicht kennt, kommt leicht zu einer falschen Schlussfolgerung: „Mir geht es gerade am schlechtesten, wenn eigentlich alles gut ist — das muss bedeuten, dass etwas grundsätzlich nicht stimmt." Tatsächlich bedeutet es oft nur: Jetzt ist endlich Raum für etwas, das vorher unterdrückt war. Das ist keine schlechte Nachricht. Es ist eher eine verspätete.

Was sich verändert, wenn man anfängt hinzuschauen

Es wäre zu einfach zu sagen, dass sich an jenem Punkt, an dem der abendliche Druck zum ersten Mal bewusst registriert wurde, sofort etwas änderte. So funktioniert das nicht. Niemand hört auf, durchzuarbeiten, nur weil ein Bauchgefühl auftaucht. Das Leben — Familie, Verantwortung, Projekte, Termine — geht weiter, mit gutem Grund.

Was sich verändert, ist etwas Kleineres, aber Folgenreicheres: Das Signal bekommt einen Platz. Es wird nicht mehr automatisch übersprungen, sondern — manchmal nur für einen Atemzug — registriert. Da ist es wieder. Ohne sofortige Erklärung, ohne sofortige Konsequenz. Nur: registriert.

Das mag nach wenig klingen. Ist es aber nicht. Große Erkenntnisse beginnen selten groß. Oft beginnen sie damit, etwas wahrzunehmen, das lange übersehen wurde.

Es gibt noch eine zweite Verschiebung, die häufig übersehen wird: Sobald jemand anfängt, auf unangenehme Signale zu achten, fällt nach einiger Zeit auch etwas anderes auf — Signale, die nicht unangenehm sind. Ein spürbarer Energieanstieg vor einem bestimmten Vorhaben. Eine innere Ruhe in einer Situation, die eigentlich Anspannung erwarten ließe. Lebendigkeit, die plötzlich da ist, ohne erkennbaren äußeren Grund.

Diese positiven Signale werden selten erwähnt — vermutlich, weil sie keine Dringlichkeit haben. Niemand muss auf Vorfreude reagieren. Aber sie sind genauso Daten wie die unangenehmen. Ein System, das nur auf Alarme achtet und alles andere ignoriert, bekommt ein verzerrtes Bild von sich selbst — als würde man ein Auto ausschließlich über seine Warnleuchten kennenlernen und nie merken, wie es sich anfühlt, wenn der Motor rund läuft.

Was das für Entscheidungen bedeutet

In Führungspositionen wird Selbstkontrolle oft mit Souveränität gleichgesetzt — und Souveränität bedeutet in vielen Köpfen: über den eigenen Zustand erhaben sein. Nicht ausgeliefert sein. Nicht „von Gefühlen gesteuert" werden.

Das führt zu einer stillen, aber wirksamen Regel: Körperliche Signale werden als etwas behandelt, das man kontrollieren oder zumindest überspielen sollte. Müdigkeit wird mit Kaffee beantwortet, Anspannung mit noch mehr Fokus, Unruhe mit noch mehr Aktivität. All das funktioniert — kurzfristig erstaunlich gut. Und genau das macht es schwer, diese Strategie jemals zu hinterfragen.

Dabei verändert sich durch dieses Überspielen nicht, ob Informationen vorhanden sind, sondern nur, ob jemand Zugang zu ihnen hat — gerade dann, wenn Entscheidungen anstehen. Eine Führungskraft, die ihre eigenen Signale konsequent überspielt, trifft ihre Entscheidungen nicht „reiner" oder „rationaler“. Sie trifft sie lediglich ohne einen Teil der Daten, die ihr eigentlich zur Verfügung stünden.

Das zeigt sich oft erst im Rückblick. Eine Entscheidung, die auf dem Papier vollkommen schlüssig war, begleitet von einem Unwohlsein, das niemand ernst genommen hat — und Monate später die Frage: „Wieso hatte ich eigentlich schon damals dieses Gefühl?“ Die Antwort lautet meist nicht: „„ Weil ich es wusste.“ Sondern: „„ Weil ich es spürte — und es für irrelevant erklärt habe.“

Wer beginnt, diese Signale wieder zur Kenntnis zu nehmen, gewinnt keine neue Fähigkeit hinzu. Er erschließt sich wieder eine, die immer da war — nur lange überlagert von der Annahme, sie habe mit dem Entscheiden nichts zu tun.

Wer die Warnlampen ignoriert, verliert nicht nur Informationen über seinen Zustand. Er verliert Informationen über seine Entscheidungen.

Rastplatz

Welche körperliche Reaktion hast du in den letzten Wochen registriert und beiseitegeschoben?

Nicht, um sie sofort zu deuten. Nur, um ihr für einen Moment Platz zu geben. Was, wenn sie nichts Bestimmtes sagen wollte — sondern nur: Schau hier hin.

Kapitel 8
Wenn der Motor heiß läuft

Der Druck blieb.

Nicht jeden Abend gleich stark, aber häufig genug, dass er irgendwann aufhörte, eine Besonderheit zu sein. Wochen vergingen, dann Monate. Der Hausbau war ein eigenes Projekt neben dem eigentlichen Projekt. Die Kinder brauchten Zeit, die irgendwo herkommen musste. Im Job kamen neue Aufgaben dazu, bevor die alten ganz abgeschlossen waren. Es gab immer einen Grund, warum gerade jetzt nicht der richtige Moment war, sich mit einem Druck im Bauch zu beschäftigen.

Als Hauptverdiener fühlte sich Durchhalten nicht wie eine Entscheidung an, sondern wie eine Selbstverständlichkeit. Krank zu werden war keine Option, die sich real anfühlte — nicht, weil jemand das ausgesprochen hätte, sondern weil das ganze Gefüge aus Hausbau, Familie und Verantwortung keinen Platz dafür vorsah.

Und dann, irgendwann, gab es auch keinen Grund mehr. Nicht, weil sich etwas geändert hätte. Sondern weil sich nichts mehr ändern musste. Der Druck war einfach Teil des Abends geworden. So wie das Licht, das man anschaltet, wenn man heimkommt. So selbstverständlich, dass er aufhörte, eine eigene Erwähnung wert zu sein.

Das ist die eigentliche Pointe dieses Kapitels — und sie ist unspektakulärer, als man denkt: Niemand erinnert sich genau daran, wann ein solches Signal begonnen hat. Aber manche erinnern sich an den Moment, in dem es plötzlich fehlte.

Ein Abend, an dem nach dem Heimkommen — nichts war. Keine Anspannung. Keine Enge. Und für einen kurzen Moment die irritierende Frage: War das die ganze Zeit so da?

Wenn Belastung sich ändert, der Zustand aber nicht

Es gibt eine sehr menschliche Erwartung, die meistens stimmt — und die genau deshalb gefährlich wird, wenn sie einmal nicht stimmt: Wenn die Belastung sinkt, sollte es einem besser gehen.

Der Hausbau wird fertig. Ein großes Projekt wird abgeschlossen. Die Kinder werden älter, selbstständiger. Eine besonders fordernde Phase im Job geht vorbei. Jedes Mal die gleiche, vernünftige Erwartung: Jetzt wird es leichter.

Und manchmal stimmt das auch — für eine Weile. Aber es gibt einen Moment, an dem diese Erwartung beginnt zu bröckeln. Eine Belastung verschwindet, und der Zustand bleibt derselbe. Eine andere Belastung verschwindet, und wieder: derselbe Zustand. Nicht dramatisch verändert, nicht plötzlich viel schlechter — nur: nicht besser, obwohl objektiv weniger zu tragen war.

Das ist der Punkt, an dem eine neue Frage beginnt, sich zu stellen — leise, nicht als großer Gedanke, eher als kurzes Innehalten: Vielleicht ist es gar nicht (nur) die aktuelle Belastung. Vielleicht ist es etwas, das bleibt, ganz unabhängig davon, was gerade zu tun ist.

Diese Frage ist unbequem. Denn sie verschiebt das Problem von etwas Äußerem — Hausbau, Projekt, Kinder, Termine — zu etwas, das näher an einem selbst liegt. Und das fühlt sich zunächst nicht wie eine Erleichterung an. Es fühlt sich an wie eine weitere Last.

Wie sich ein System neu eicht

Was hier passiert, lässt sich mit einem Bild beschreiben, das in der Forschung zu Stress und Wahrnehmung eine wichtige Rolle spielt: Kalibrierung.

Ein Messgerät ist kalibriert, wenn seine Anzeige der Realität entspricht. Ein Thermometer, das korrekt zwanzig Grad anzeigt, wenn es zwanzig Grad sind, ist kalibriert. Verschiebt sich diese Anzeige langsam — zeigt es plötzlich durchgehend fünf Grad mehr an — funktioniert das Gerät noch. Es zeigt etwas an. Aber die Anzeige stimmt nicht mehr mit der Realität überein. Und das Tückische daran: Wer nur auf die Anzeige schaut, merkt davon zunächst nichts. Zwanzig Grad fühlen sich für das Gerät weiterhin wie zwanzig Grad an — auch wenn es eigentlich fünfundzwanzig sind.

Etwas Ähnliches passiert mit der Wahrnehmung unter anhaltender Belastung. Was hier verschoben wird, ist nicht eine einzelne Anzeige, sondern der Referenzpunkt selbst — das, was als „normal“ empfunden wird. Forschung zu Stress und Interozeption zeigt, dass anhaltender Druck nicht nur die Signale selbst beeinflusst, sondern auch, wie diese Signale wahrgenommen und eingeordnet werden. Anders gesagt: Stress verändert nicht nur, was der Körper meldet — er verändert auch das Maß, mit dem diese Meldungen verglichen werden.

Das bedeutet: Ein Zustand, der vor zwei Jahren als deutliches Warnsignal aufgefallen wäre, kann heute als gewöhnlicher Hintergrund erscheinen — nicht, weil er schwächer geworden ist, sondern weil der Maßstab sich mitverschoben hat. Der Motor läuft heißer. Aber die Anzeige für „normal“ ist mitgewandert. Beides gleichzeitig, ohne dass es auffällt.

Genau das macht diesen Zustand so schwer zu erkennen — von innen. Von außen betrachtet, ließe sich vielleicht sagen: Diese Person trägt seit Jahren durchgehend mehr, als ihr gut tut. Von innen betrachtet sieht es anders aus: Es ist einfach das Leben. Es war schon immer so. Woran sollte man auch etwas anderes vergleichen, wenn der Vergleichspunkt selbst sich verändert hat?

Überhitzung sieht nicht für jeden gleich aus

Was in diesem Kapitel als Überhitzung beschrieben wird, ist kein einheitliches Phänomen. Es zeigt sich je nach Bauweise unterschiedlich — und das macht es zusätzlich schwer zu erkennen, weil jeder nach den

Anzeichen sucht, die zur eigenen Erfahrung passen, nicht zu der des anderen.

Bei einem System, das eher wie der Sportwagen aus Kapitel 6 reagiert — schnell, unmittelbar, mit kurzen, intensiven Ausschlägen —, zeigt sich Überhitzung oft als das, was andere als „dünnhäutig“ oder „reizbar“ beschreiben würden. Kleine Dinge, die früher keine Reaktion ausgelöst hätten, lösen jetzt eine aus — nicht, weil diese Dinge wichtiger geworden wären, sondern weil die Toleranz gesunken ist.

Bei einem System, das eher dem Reisewagen entspricht — auf Kontinuität und Ausdauer ausgelegt —, sieht Überhitzung anders aus: nicht als Ausschlag nach oben, sondern als allmähliches Absinken. Dinge, die früher Freude gemacht haben, fühlen sich neutral an. Eine Aufgabe, die früher mit Energie erledigt wurde, wird jetzt einfach abgearbeitet. Von außen könnte das wie Gelassenheit wirken — von innen ist es eher ein Grauton, der sich über vieles legt.

Beide Formen sind Überhitzung. Aber sie führen zu unterschiedlichen Reaktionen der Umgebung. Die erste Form fällt auf — sie erzeugt Reibung, wird kommentiert, manchmal sogar adressiert. Die zweite Form fällt seltener auf, gerade weil sie sich nicht wie ein Problem präsentiert. Eine Person, die „einfach ruhiger geworden ist“, wird selten gefragt, ob mit ihr alles in Ordnung ist — auch wenn genau das die Frage wäre, die jetzt am meisten gebraucht würde.

Das Auto fährt weiter

Was an diesem Zustand am wenigsten zu einer Krise passt, ist, dass von außen — und meistens auch von innen — alles wie gewohnt aussieht.

Termine werden eingehalten. Projekte laufen. Entscheidungen werden getroffen, manche davon gut, manche sogar sehr gut. Verantwortung wird getragen, oft mehr, als formal erwartet wird. Niemand würde diese Person als „ausgefallen“ bezeichnen. Im Gegenteil: Gerade die Fähigkeit, all das zu tragen, wird oft als Stärke gesehen — von anderen, und von einem selbst.

Das Auto fährt weiter.

Aber es fährt nicht mehr unter den Bedingungen, für die es gebaut wurde. Die Toleranzen sind kleiner geworden, auch wenn die Leistung nach außen gleich aussieht. Was früher mit Reserve bewältigt wurde, wird jetzt am Limit bewältigt — nur, dass „am Limit“ sich inzwischen wie „normal“ anfühlt.

Das ist der eigentliche Grund, warum dieser Zustand so spät erkannt wird — wenn überhaupt. Es gibt kein äußeres Ereignis, das ihn markiert. Keinen Moment, an dem jemand sagen könnte: Ab heute ist es anders. Es ist eine Verschiebung ohne Datum. Und Verschiebungen ohne Datum sind die, die am leichtesten übersehen werden — gerade von demjenigen, der mitten in ihnen steckt.

Nicht nur Belastung — auch Begeisterung

An dieser Stelle lohnt sich eine Ergänzung, die leicht übersehen wird, weil sie dem bisherigen Bild zu widersprechen scheint.

Die Vorstellung von „Überhitzung" verbindet sich fast automatisch mit etwas Negativem: zu viel Druck, zu viele Probleme, zu viele Anforderungen. Aber ein Motor kann auch heißlaufen, weil er mit voller Kraft etwas vorantreibt, das gewollt ist. Erfolg. Wachstum. Ein neues Projekt, das wirklich interessiert. Eine Aufgabe, die mit Energie und Begeisterung übernommen wird.

Diese Form der Überhitzung wird besonders spät erkannt — aus einem einfachen Grund: Sie fühlt sich gut an. Niemand fragt sich in einer Phase von Erfolg und Begeisterung, ob er gerade über seine eigenen Grenzen hinausgeht. Es fühlt sich nicht wie Grenzüberschreitung an. Es fühlt sich an wie: endlich läuft es.

Und genau deshalb ist sie so tückisch. Eine Belastung, die sich unangenehm anfühlt, lädt zumindest theoretisch dazu ein, irgendwann etwas zu ändern. Eine Belastung, die sich gut anfühlt, lädt dazu ein, weiterzumachen — und genau das oft über einen Punkt hinaus, an dem auch positive Anspannung beginnt, denselben Kalibrierungseffekt zu erzeugen wie negative.

Nicht jede Überhitzung beginnt mit Erschöpfung. Manche beginnt mit Leidenschaft. Und das macht sie nicht weniger real.

Was unter diesen Bedingungen mit Entscheidungen passiert

Hier liegt der eigentliche Grund, warum dieses Kapitel in einem Buch über Führung und Entscheidungen steht — und nicht in einem Ratgeber über Erschöpfung.

Eine verschobene Kalibrierung betrifft nicht nur das Befinden. Sie betrifft alles, womit eine Entscheidung getroffen wird.

Der Verstand neigt unter anhaltendem Druck zu einem engeren Blick — Optionen werden schneller ausgeschlossen, der Horizont der Möglichkeiten schrumpft, ohne dass es als Einschränkung wahrgenommen wird. Es fühlt sich nicht an wie „ich sehe weniger". Es fühlt sich an wie „die Lage ist eindeutig".

Emotionale Reaktionen verändern sich in zwei mögliche Richtungen: Sie werden lauter — kleine Dinge erzeugen größere Reaktionen als früher. Oder sie werden leiser — Dinge, die früher eine Reaktion ausgelöst hätten, tun das nicht mehr. Beides bleibt meist unbemerkt, weil beides sich von innen wie „ich bin halt so" anfühlt, nicht wie eine Veränderung.

Körperliche Signale — das Thema des vorherigen Kapitels — laufen unter diesen Bedingungen entweder im Daueralarm (was irgendwann zu Hintergrundrauschen wird, wie eingangs beschrieben) oder sie verstummen zunehmend, weil ständiges „Übersteuern" mit der Zeit dazu führt, dass weniger durchkommt.

Und das, was später in diesem Buch als Intuition und als Sensitivität beschrieben wird — verdichtete Erfahrung auf der einen, feine Wahrnehmung von Stimmungen und Zwischentönen auf der anderen Seite — verändert sich ebenfalls. Manchmal wird sie schärfer, weil ein System unter Druck auf das Wesentliche fokussiert. Häufiger aber wird sie unzuverlässiger: Angst beginnt, sich wie Wissen anzufühlen. Oder Wahrnehmung schaltet sich teilweise ab, weil zu viele Eindrücke gerade zu viel wären.

Keine dieser Verschiebungen ist an sich dramatisch. Jede für sich könnte ein normaler Teil eines anstrengenden Tages sein. Was sie zusammen ausmacht, ist etwas anderes: Eine Person, die unter diesen Bedingungen entscheidet, entscheidet nicht „schlechter" im Sinne von dümmer oder unfähiger. Sie entscheidet mit einem System, dessen Anzeigen sich verschoben haben — ohne dass ein Warnlicht dafür aufleuchtet, dass die Warnlichter selbst nicht mehr stimmen.

Die Illusion der Kontinuität

Vielleicht ist das die eigentliche Schwierigkeit: Niemand entscheidet sich bewusst dafür, in einem überhitzten Zustand zu führen. Es gibt keinen Tag, an dem jemand sagt: Ab heute funktioniere ich mit verschobenen Maßstäben.

Es gibt nur eine lange Reihe von Tagen, die sich alle ein bisschen ähneln. Und an jedem einzelnen dieser Tage erscheint die eigene Verfassung als

Fortsetzung der vorherigen — nicht als Abweichung. Kontinuität fühlt sich immer normal an, auch wenn sie sich langsam von dem entfernt, was sie einmal war.

Das ist auch der Grund, warum dieser Zustand selten von innen erkannt wird. Erkennung würde einen Vergleichspunkt voraussetzen, der außerhalb der eigenen, verschobenen Kalibrierung liegt — und genau dieser Punkt ist es, der sich mitverschoben hat.

Der Motor läuft heißer. Aber die Anzeige für „normal" ist mitgewandert — und genau deshalb meldet sich kein Alarm.

Rastplatz

Gibt es einen Bereich in deinem Leben, in dem „es geht schon“ inzwischen dein Normalzustand ist?

Nicht, weil dort etwas dramatisch falsch wäre. Sondern weil du dich nicht mehr erinnerst, wie es sich angefühlt hat, als es noch nicht so war. Woran würdest du merken, wenn sich das ändert?

Kapitel 9
Das falsche Fahrzeug fahren

Der Hausbau wurde fertig. Das Projekt wurde abgeschlossen. Die Kinder wurden älter, die Abende ruhiger.

Und der Druck blieb.

Das war der Moment, an dem die einfache Erklärung anfing, nicht mehr zu reichen. Bis dahin hatte alles seinen Platz gehabt: Natürlich ist es gerade viel. Natürlich ist man angespannt, wenn man gleichzeitig ein Haus baut, eine Familie versorgt und im Job Verantwortung trägt. Das war keine beunruhigende Erklärung. Es war eine vernünftige.

Aber vernünftige Erklärungen haben eine Eigenschaft: Sie setzen voraus, dass mit dem Verschwinden der Ursache auch die Wirkung verschwindet. Hausbau fertig — also besser. Projekt abgeschlossen — also besser. Kinder größer — also besser.

Und dann verschwand eine Ursache nach der anderen. Und etwas blieb.

Nicht stärker als vorher. Nicht dramatischer. Nur: gleich. Als hätte sich das System längst von den äußeren Anlässen gelöst und würde jetzt aus sich selbst heraus weiterlaufen.

Die Frage, die sich nicht mehr abweisen ließ

Es gibt einen Unterschied zwischen einer Frage, die man sich stellt, und einer Frage, die sich einem stellt.

Die erste Art kann man beantworten, zur Seite legen, später wieder aufnehmen. Die zweite Art bleibt. Sie taucht wieder auf, in Variationen, an unpassenden Momenten, so lange, bis sie nicht mehr zu übersehen ist.

Die Frage, die sich hier zu stellen begann, war nicht: Wie kann ich diesen Druck loswerden? Das wäre noch eine Frage der ersten Art gewesen — eine, für die es naheliegende Antworten gibt: mehr Erholung, weniger Termine, ein Urlaub.

Die Frage war eine andere, unbequemere: Warum reagiere ich so — auf so vieles? Nicht: Ist das, was ich erlebe, zu viel? Sondern: Warum ist meine Antwort auf praktisch jede Form von Anforderung dieselbe?

Das ist ein entscheidender Unterschied. Die erste Frage richtet sich nach außen, auf die Umstände. Die zweite Frage richtet sich nach innen, auf das Muster, mit dem auf Umstände reagiert wird — auf jede Art von Umstand, unabhängig davon, wie er aussieht.

Ein Satz, der nie geprüft wurde

Es gibt Sätze, die man sich nicht aussucht. Man wächst in sie hinein, oder das Leben formt sie, lange bevor man in der Lage ist, sie als Sätze zu erkennen.

Einer dieser Sätze lautete, formuliert oder unformuliert, viele Jahre lang: Ich muss durchhalten.

Das war kein Vorsatz. Niemand setzt sich morgens an den Küchentisch und entscheidet sich bewusst für einen Glaubenssatz. Es war eher eine Beschreibung der Realität — und zwar eine zutreffende. Als Hauptverdiener, mit Hausbau, mit Familie, mit Verantwortung im Job: Durchhalten war keine Option unter mehreren. Es war die Grundlage, auf der alles andere stand.

Und dieser Satz hat funktioniert. Nicht ein bisschen. Sehr gut. Er hat Verantwortung ermöglicht, die getragen werden musste. Er hat Verlässlichkeit ermöglicht, auf die andere sich verlassen konnten. Er hat in schwierigen Phasen genau das geliefert, was gebraucht wurde: Weitermachen, wenn Weitermachen die einzige Option war.

Und genau deshalb wurde er nie geprüft.

Warum sollte man eine Strategie hinterfragen, die liefert? Jedes Mal, wenn „durchhalten“ eine schwierige Phase erfolgreich überbrückt hatte, wurde der Satz ein kleines Stück mehr bestätigt. Nicht durch Nachdenken. Durch Erfahrung. Und Erfahrung ist überzeugender als jedes Argument.

So wird aus einer Strategie, die in einer bestimmten Situation richtig war, irgendwann etwas anderes: eine Selbstverständlichkeit. Nicht mehr „das mache ich, weil es gerade nötig ist“, sondern „so bin ich“. Der Übergang zwischen beidem hat kein Datum. Er passiert einfach.

Wenn die Antwort wichtiger wird als die Frage

Hier liegt der eigentliche Kern dieses Kapitels — und er ist subtiler, als es zunächst klingt.

„Ich muss durchhalten“ war ursprünglich eine Antwort auf eine bestimmte Art von Situation: Wenn die Lage schwierig ist und Verantwortung getragen werden muss, dann halte ich durch.

Aber irgendwann hörte dieser Satz auf, eine Antwort auf diese Situation zu sein. Er wurde die Antwort auf jede Situation. Druck im Job: durchhalten. Anspannung in der Familie: durchhalten. Ein Körpersignal, das sich meldet: durchhalten — oder genauer: nicht beachten, weiterhalten. Eine Unsicherheit, eine offene Frage, ein ungutes Gefühl: durchhalten, bis es vorbei ist.

Das Muster wurde nicht falscher. Aber es wurde universal. Und etwas, das auf alles die gleiche Antwort gibt, hört auf, eine Antwort zu sein — es wird zu einem Reflex.

Und ein Reflex stellt keine Fragen mehr. Er fragt nicht: Ist Durchhalten hier die richtige Reaktion? Oder wäre etwas anderes angemessener — innehalten, etwas ändern, eine Grenze ziehen, etwas aussprechen? Diese Fragen kamen nicht, weil der Reflex schneller war als die Frage.

Nicht das falsche Leben

Es ist naheliegend, an dieser Stelle eine bestimmte Art von Geschichte zu erwarten: Der Moment, an dem klar wird, dass alles falsch war. Der falsche Job, das falsche Tempo, vielleicht sogar das falsche Leben. Eine Geschichte vom Ausstieg.

Das ist nicht diese Geschichte.

Die eigentliche Erkenntnis war leiser — und in gewisser Weise schwerer zu fassen, weil sie keine klare Handlung nach sich zog. Sie lautete nicht: Ich habe das falsche Leben gelebt. Sie lautete: Ich habe versucht, mein Leben auf eine bestimmte Weise zu fahren — und diese Weise war nur eine von mehreren möglichen. Nicht falsch. Aber auch nicht die einzige.

Das Hausbau-Projekt war real und wichtig. Die Verantwortung als Hauptverdiener war real und wichtig. Die Karriere, die Entscheidungen, die Termine — alles davon war real, wichtig, und hat im Übrigen funktioniert. Nichts davon musste verworfen werden.

Was sich veränderte, war etwas anderes: die Art, wie mit all dem umgegangen wurde. Immer mit derselben Antwort. Immer mit Durchhalten. Als gäbe es nur dieses eine Werkzeug — und als wäre jedes Problem ein Problem, für das genau dieses Werkzeug gebraucht wird.

Vielleicht lässt sich das so zusammenfassen: Nicht erschöpft, weil zu viel gefahren wurde. Sondern erschöpft, weil versucht wurde, auf eine Weise zu fahren, die nicht zur eigenen Bauweise passte.

Was eine Bauweise tatsächlich bedeutet

An dieser Stelle lohnt sich ein Rückblick, der zunächst nichts mit Erschöpfung zu tun zu haben scheint.

Es gibt Menschen, für die Stimmungen in einem Raum, Spannungen zwischen Personen, das leise Gefühl, dass etwas nicht ausgesprochen wurde — Dinge sind, die sie ständig registrieren. Nicht als bewusste Anstrengung, sondern einfach, weil ihr System so arbeitet. Diese Wahrnehmung ist weder besser noch schlechter als andere — aber sie ist da, ob sie genutzt wird oder nicht.

Über viele Jahre hatte diese Art von Wahrnehmung in einem Leben, das auf Funktionieren, Leistung und Durchhalten ausgerichtet war, kaum einen Platz. Nicht, weil sie verboten gewesen wäre. Sondern weil für sie schlicht keine Verwendung vorgesehen war. Eine Wahrnehmung, für die es keine Verwendung gibt, verschwindet nicht — aber sie tritt zurück. Sie wird leiser, nicht weil sie schwächer wird, sondern weil sie nie gefragt wird.

Das ist vielleicht die genaueste Beschreibung dessen, was hier über Jahre geschah: ein Mensch mit einer ausgeprägten Wahrnehmung, der gelernt hatte, hauptsächlich über Leistung zu funktionieren. Beides war vorhanden. Aber nur eine Seite bekam Raum.

Die unsichtbare Rechnung

Wenn ein Fahrzeug über lange Zeit anders gefahren wird, als es gebaut ist, entsteht ein Verschleiß, der sich nicht sofort zeigt. Er zeigt sich auch nicht in einer einzelnen, großen Rechnung. Er zeigt sich in vielen kleinen — und meist erst im Nachhinein, wenn man zurückblickt und fragt: Wo ist das eigentlich geblieben?

Energie, die nicht mehr für das da ist, was eigentlich Freude machen sollte. Aufmerksamkeit, die in Beziehungen fehlt, weil sie ganz woanders gebunden ist. Kreativität, die ungenutzt bleibt, weil für sie kein Zeitfenster vorgesehen ist, das nicht sofort wieder mit etwas Dringlicherem gefüllt wird. Eine Art von Lebendigkeit, die einmal da war und die man vermisst, ohne genau sagen zu können, wann sie sich zurückgezogen hat.

Diese Rechnung wird nicht in einem Moment präsentiert. Sie wird über Jahre bezahlt, in kleinen Raten, oft so klein, dass jede einzelne für sich genommen kaum auffällt. Erst die Summe macht sichtbar, was passiert ist.

Warum das falsche Fahrzeug oft belohnt wird

Es bleibt eine Frage offen, die sich aufdrängt, sobald man so weit gekommen ist: Wenn das alles über Jahre so spürbar war — warum wurde es nicht früher infrage gestellt?

Die Antwort hat wenig mit Verdrängung im klassischen Sinne zu tun. Sie hat mehr damit zu tun, dass das Muster nicht nur funktioniert hat — es wurde belohnt. Verantwortung, die übernommen wurde, führte zu mehr Verantwortung. Durchhalten, das sich bewährte, führte zu Anerkennung. Leistung führte zu Position, zu Einkommen, zu Status.

Niemand fährt ein falsches Fahrzeug, weil er dafür bestraft wird. Im Gegenteil: Oft ist gerade das, was nicht zur eigenen Bauweise passt, das, wofür man am meisten Zuspruch bekommt — weil es von außen aussieht wie Stärke, wie Verlässlichkeit, wie genau das, was gebraucht wird.

Das macht die Frage, ob man das eigene Fahrzeug fährt, so schwer zu stellen. Sie richtet sich gegen etwas, das von allen Seiten als Erfolg gespiegelt wird.

Andere, die im falschen Fahrzeug sitzen

Diese Geschichte ist, an mehreren Stellen, eine sehr persönliche. Aber sie ist nicht selten.

Da ist die Führungskraft, deren eigentliche Stärke darin liegt, Menschen zu lesen, Stimmungen zu erfassen, in Konflikten zu vermitteln — eine ausgeprägte Sensitivität, im Sinne des Modells, das in diesem Buch noch genauer beschrieben wird. Diese Person übernimmt, weil es der nächste logische Karriereschritt ist, eine Funktion, die fast ausschließlich aus Kennzahlen, Reports und kurzfristigen Ergebnissen besteht. Sie wird darin nicht schlecht — sie ist klug genug, sich auch dort zurechtzufinden. Aber etwas an ihr wird leiser, Jahr für Jahr, ohne dass es jemand bemerkt, einschließlich sie selbst.

Da ist die andere Führungskraft, deren eigentliche Stärke im großen Bild liegt — Zusammenhänge erkennen, Richtungen für Jahre vorausdenken. Diese Person bleibt, aus Loyalität zu einem Team, das sie aufgebaut hat, über Jahre in einer operativen Rolle, die vor allem aus Detailsteuerung besteht. Auch sie wird darin gut. Aber ein Teil ihrer eigentlichen Fähigkeit liegt brach — nicht, weil er nicht gebraucht würde, sondern weil die Rolle keinen Raum dafür vorsieht.

In beiden Fällen würde niemand von außen sagen, diese Menschen seien im falschen Beruf, oder hätten eine falsche Entscheidung getroffen. Beide sind erfolgreich, in dem, was sie tun. Was sich zeigt, ist etwas Feineres: eine Lücke zwischen dem, was jemand tatsächlich ist, und dem, was eine Rolle von ihm verlangt — eine Lücke, die sich nicht in Leistungsbeurteilungen zeigt, sondern in genau jener unsichtbaren Rechnung, von der zuvor die Rede war.

Das erste Fahrzeug

Niemand sucht sich sein erstes Fahrzeug aus.

Es kommt mit der Familie, in die man hineingeboren wird. Mit der Schule, die einen prägt. Mit den Vorbildern, an denen man sich orientiert, lange bevor man eine eigene Vorstellung davon hat, wer man sein könnte. Mit den Erwartungen, die einem entgegengebracht werden — manchmal ausgesprochen, meistens nicht.

All das formt eine erste Art, mit der Welt umzugehen. Eine erste Bauweise — oder, genauer, eine erste Art zu fahren, ganz unabhängig davon, was für ein Fahrzeug man eigentlich ist. Man übernimmt sie nicht, weil man sie geprüft hätte. Man übernimmt sie, weil sie einfach da ist, wenn man anfängt zu fahren.

Die eigentliche Aufgabe beginnt erst später. Nicht: ein anderes Fahrzeug finden. Sondern: herausfinden, womit man eigentlich unterwegs ist — und wie sich das von der Art unterscheidet, wie man es bisher gefahren hat.

Was bleibt, und was sich verändert

Ein Diesel bleibt ein Diesel.

Diese Einsicht ist wichtig, gerade weil sie auf den ersten Blick enttäuschend wirken kann. Sie verspricht keine Verwandlung. Niemand wird durch das Erkennen seiner eigenen Bauweise zu einem anderen Menschen, zu jemandem, der plötzlich keine Verantwortung mehr trägt, keine Herausforderungen mehr hat, keine schwierigen Phasen mehr durchstehen muss.

Was sich verändert, ist etwas anderes: die Art, wie auf diese Herausforderungen reagiert wird. Durchhalten muss nicht die einzige Antwort bleiben — es kann eine von mehreren werden. Verantwortung muss nicht bedeuten, jedes Signal zu überspielen — sie kann auch bedeuten, diese Signale als Teil der Informationsgrundlage zu behandeln, mit der verantwortet wird.

Das ist keine Geschichte von „vorher schlecht, nachher gut". Es ist eher eine Geschichte von „vorher ein Werkzeug, nachher mehrere" — wobei das ursprüngliche Werkzeug, Durchhalten, weiterhin seinen Platz hat. Nur nicht mehr für alles.

Passung ersetzt nicht Herausforderung. Aber sie verändert, womit eine Herausforderung beantwortet wird.

Vielleicht bin ich nicht erschöpft, weil ich zu viel fahre. Vielleicht bin ich erschöpft, weil ich versuche, auf eine Weise zu fahren, die nicht zu meiner Bauweise passt.

Rastplatz

Wo zahlst du bereits eine Rechnung dafür, dass du versuchst, ein Fahrzeug zu fahren, das nicht deins ist?

Nicht im Sinne von: Was läuft falsch in deinem Leben.
Sondern im Sinne von: Welche Antwort gibst du fast immer — unabhängig davon, welche Frage gerade gestellt wird?

Kapitel 10
Warum wir mehr wissen, als wir denken

Es gibt einen Moment, der sich in vielen Entscheidungssituationen wiederholt, ohne dass er je benannt wird.

Die Zahlen liegen vor. Die Argumente sind durchdacht. Die Optionen sind klar — manchmal sogar eindeutig. Und trotzdem ist da noch etwas anderes. Eine Spannung im Raum, die niemand ausspricht. Ein Unbehagen, das sich nicht in der Tabelle wiederfindet. Eine leise Stimme, die sagt: Hier stimmt etwas nicht — ohne dass sie sagen könnte, was.

In den vorangegangenen Kapiteln war viel von einem einzelnen Menschen die Rede — von einem Druck im Bauch, von einem Satz, der nie geprüft wurde, von einer Bauweise, die über Jahre kaum Raum hatte. Das war notwendig, um etwas sichtbar zu machen, das sich schwer in Sätzen fassen lässt, solange es abstrakt bleibt.

Aber dieses Kapitel handelt nicht mehr von einer einzelnen Geschichte. Es handelt von einer Struktur — einer Struktur, die in jedem Menschen vorhanden ist, der jemals eine Entscheidung getroffen hat. Auch in Ihnen, während Sie diese Zeilen lesen.

Eine Entscheidung, die auf dem Papier klar war

Es ging um eine Zusammenarbeit. Ein neues Projekt, ein neuer Partner — jemand, der fachlich genau das mitbrachte, was gefehlt hatte. Die Vorbereitung war gründlich. Referenzen waren eingeholt, das Konzept überzeugend, die Zahlen stimmig. In der Runde, die über die Zusammenarbeit entscheiden sollte, war die Stimmung gut — fast erleichtert. Endlich ein Partner, der zu passen schien.

Am Ende des Gesprächs war eigentlich alles gesagt. Die Argumente sprachen dafür, mehrfach und von verschiedenen Seiten geprüft. Und trotzdem blieb, nachdem alle den Raum verlassen hatten, ein Rest.

Nicht am Konzept. Am Menschen.

Es war nichts, das sich hätte benennen lassen. Keine widersprüchliche Aussage, kein Formfehler, kein Warnsignal im klassischen Sinne. Eher eine Art, wie auf bestimmte Fragen geantwortet wurde — etwas schneller als auf andere, mit einer Leichtigkeit, die zu den Fragen nicht ganz passen wollte. Niemand sonst in der Runde schien das bemerkt zu haben. Oder es war bemerkt worden und niemand sprach es aus, weil es so wenig greifbar war.

Die Entscheidung wurde getroffen. Die Zusammenarbeit begann. Und ein gutes halbes Jahr später zeigte sich: Genau in dem Bereich, in dem diese kleine Inkongruenz aufgefallen war, lagen später die größten

Schwierigkeiten — nicht fachlicher Art, sondern in der Art, wie Absprachen eingehalten wurden.

Im Rückblick lässt sich dieses eine Gespräch sehr genau durch die vier Quellen — und die Feinheit, mit der sie wahrgenommen wurden — lesen; und genau das macht es so aufschlussreich.

Vier Quellen, ein System

Was in den vorherigen Kapiteln an einem einzelnen Menschen sichtbar wurde, lässt sich verallgemeinern: Jeder Mensch verfügt nicht über eine, sondern über vier unterschiedliche Quellen von Informationen — und jede dieser Quellen liefert etwas, das die anderen nicht liefern können. Hinzu kommt eine fünfte Größe, die keine eigene Quelle ist: die Sensitivität. Sie bestimmt, wie fein die Signale der vier Quellen wahrgenommen werden.
Im Zentrum dieses Buches steht damit das
4+1-Modell der Wahrnehmung nach Alexander Klein —
vier Informationsquellen, verbunden durch die Sensitivität.

Der Verstand. Er analysiert, vergleicht, plant, bewertet. Seine Frage lautet: Was denke ich darüber? Im Beispiel von eben: Das Konzept war überzeugend, die Referenzen passten, die Zahlen waren geprüft. Der Verstand hatte seine Arbeit gemacht — gründlich, nachvollziehbar, mit einem klaren Ergebnis. Seine Stärke liegt in Logik, Strategie, Struktur. Seine Schwäche zeigt sich, wenn er beginnt, sich selbst im Kreis zu drehen: Grübeln, Überanalyse, das Gefühl, dass noch eine weitere Prüfung nötig wäre, obwohl längst genug geprüft wurde.

Die Emotion. Sie bewertet Bedeutung. Ihre Frage lautet: Was bedeutet das für mich? In der Runde war die Emotion deutlich spürbar: Erleichterung, fast Begeisterung. Endlich ein passender Partner — nach langer Suche. Diese Erleichterung war real, und sie war nicht falsch. Aber sie hatte auch eine Wirkung: Sie machte es leichter, über kleine Irritationen hinwegzugehen. Wer erleichtert ist, möchte ungern der sein, der eine Irritation benennt und damit die Erleichterung gefährdet. Die Gefahr der Emotion liegt genau hier — nicht darin, dass sie falsch ist, sondern darin, dass sie andere Quellen leiser werden lässt.

Der Körper. Er reagiert auf Belastung, auf Stimmigkeit und Unstimmigkeit, oft bevor irgendetwas davon in Worte gefasst werden kann. Seine Frage lautet: Was registriert mein System gerade? Kapitel 7 hat gezeigt, wie früh diese Signale auftreten können — und wie leicht sie übersehen werden. In diesem Gespräch war es vielleicht nicht mehr als ein kurzes Innehalten, ein Moment, in dem die Aufmerksamkeit kurz schärfer wurde, ohne dass bewusst registriert wurde, warum. Seine Stärke ist Früherkennung. Seine Gefahr: Ignorieren — oder Fehlinterpretation, wenn jedes Signal sofort zu einer großen Bedeutung aufgeblasen wird.

Die Intuition. Sie ist verdichtete Erfahrung — unbewusste Mustererkennung, die auf etwas reagiert, ohne dass dieses Etwas benannt werden könnte. Ihre Frage lautet: Was weiß ich, ohne den Weg dorthin erklären zu können? Vielleicht gab es, ganz am Rand, eine Erinnerung an eine ähnliche Situation aus früheren Jahren — nicht als Gedanke, sondern als ein vages „das kenne ich irgendwie". Ihre Stärke liegt in Geschwindigkeit und im Umgang mit Komplexität. Ihre Gefahr: die Verwechslung mit Angst oder mit Wunschdenken, die sich von innen identisch anfühlen können.

Die Sensitivität. Sie ist keine fünfte Quelle — sie ist die Empfindlichkeit, mit der die vier Quellen empfangen werden: die Wahrnehmung für Menschen, Situationen, Dynamiken — für das, was noch nicht ausgesprochen wurde. Ihre Frage lautet: Wie fein nehme ich wahr, was meine vier Quellen mir zeigen? Genau hier lag in diesem Beispiel die entscheidende Information: die kleine Inkongruenz zwischen den Worten und der Art, wie sie gesagt wurden — ein Signal, das über Körper und Intuition ankam, aber nur für den wahrnehmbar war, dessen Sensitivität fein genug eingestellt war. Etwas, das sich nicht in einer Checkliste hätte abhaken lassen — und das trotzdem, Monate später, der Punkt war, an dem die Zusammenarbeit zu bröckeln begann. Ihre Stärke: Menschen lesen, Dynamiken erkennen, bevor sie offen zutage treten. Ihre Gefahr: Überinterpretation oder Projektion.

Die vier Quellen im Alltag — Stärke, blinder Fleck, Fehlanwendung

Die vier Quellen — und die Sensitivität, mit der sie wahrgenommen werden — wurden bisher anhand einer einzigen Szene beschrieben. Das war notwendig, um zu zeigen, wie sie zusammenwirken. Aber jede Quelle hat auch ein Eigenleben — eine charakteristische Stärke, einen charakteristischen blinden Fleck, und eine typische Art, wie sie überstrapaziert wird, wenn sie zur einzigen Antwort wird. Ein kurzer Blick auf jede einzeln macht greifbar, warum keine von ihnen für sich genommen ausreicht — und warum jede, für sich genommen, auch zur Falle werden kann.

Der Verstand. Im Bild des Fahrzeugs ist er das Navigationssystem. Seine Stärke ist unbestritten: Er kann Optionen strukturieren, Konsequenzen durchdenken, Zahlen vergleichen, Szenarien gegeneinander abwägen. Kein anderes System leistet das in vergleichbarer Schärfe. Sein blinder Fleck liegt genau dort, wo Kapitel 2 ansetzte: Er kann nicht erkennen, wann er fertig ist. Eine Analyse hat kein natürliches Ende — sie endet, wenn jemand entscheidet, dass sie endet, nicht, weil die Daten es signalisieren. Die typische Fehlanwendung ist die Endlosanalyse: ein Investitionsentscheid, der über Monate immer wieder neu durchgerechnet wird, mit immer feineren Variablen, während sich am Kern der Frage nichts mehr verändert. Am Ende steht nicht mehr Klarheit — sondern eine

Tabelle, die so komplex geworden ist, dass sie selbst zur Unsicherheit beiträgt.

Die Emotion. Im Fahrzeug ist sie das Warn- und Bewertungssystem. Ihre Stärke ist, dass sie unmittelbar zeigt, was bedeutsam ist. Ein Vorschlag, der fachlich neutral klingt, aber ein ungutes Gefühl hinterlässt, signalisiert: Hier steht etwas auf dem Spiel, das die Fakten allein nicht abbilden — eine Beziehung, ein Wert, eine Befürchtung. Ihr blinder Fleck: Sie kennt ihren eigenen Ursprung nicht. Eine starke Reaktion auf eine Aussage in einem Meeting kann von dieser Aussage handeln — oder von einer ganz anderen Situation, die Tage zuvor unverarbeitet blieb, und die sich jetzt an einem unpassenden Ort entlädt. Die typische Fehlanwendung zeigt sich oft in Personalentscheidungen: Eine spontane Sympathie oder Antipathie gegenüber einer Kandidatin wird zur tragenden Begründung, ohne dass geprüft wird, woher dieses Gefühl eigentlich kommt — manchmal von der Person selbst, manchmal von einer Ähnlichkeit zu jemand ganz anderem.

Der Körper. Im Fahrzeug: Motor, Tank und Temperaturanzeige. Seine Stärke wurde in Kapitel 7 ausführlich behandelt: Er registriert Stimmigkeit und Unstimmigkeit oft Sekunden oder Tage, bevor der Verstand eine Erklärung dafür findet. Ein Engegefühl vor einem bestimmten Gespräch, eine Erschöpfung nach einem bestimmten Treffen, die nicht zur investierten Energie passt — all das sind frühe Daten.
Sein blinder Fleck: Er ist unspezifisch. Er sagt „hier ist etwas", aber nicht „was". Dieselbe körperliche Anspannung kann eine berechtigte Warnung

sein — oder schlicht zu wenig Schlaf. Die typische Fehlanwendung liegt in der vorschnellen Deutung: ein Ziehen im Bauch wird sofort zu „diese Entscheidung ist falsch“ erklärt, ohne dass geprüft wird, ob es vielleicht einfach der dritte Termin in Folge ohne Pause ist.

Die Intuition. Im Fahrzeug ist sie der Blick durch die Windschutzscheibe — der erfahrene Blick nach vorn. Ihre Stärke, im Sinne von Kapitel 4: verdichtete Erfahrung, die schneller urteilt, als der Verstand argumentieren kann — verlässlich, wenn sie auf einem Bereich mit echtem Feedback beruht. Ein erfahrener Einkäufer, der einen Vertragstext überfliegt und sofort sagt „diese Klausel ist ungewöhnlich“, muss diese Klausel nicht erst mit zehn anderen Verträgen vergleichen — er hat diesen Vergleich, in komprimierter Form, schon hinter sich.
Der blinde Fleck ist exakt der aus Kapitel 4: Sie kommt ohne Etikett, das anzeigt, ob sie aus einem kalibrierten Bereich stammt oder nicht. Die typische Fehlanwendung ist die Übertragung — ein Gespür, das sich in einem vertrauten Markt über Jahre bewährt hat, wird unverändert auf einen neuen, unbekannten Markt angewendet, mit demselben Gefühl von Sicherheit, obwohl die Erfahrungsgrundlage dafür fehlt.

Die Sensitivität. Im Fahrzeug: die Empfindlichkeit der Sensoren. Keine eigene Quelle, sondern die Feinheit, mit der alle vier empfangen werden — ihre Wirkung zeigte sich im Beispiel dieses Kapitels: Sie registriert, was zwischen den Worten geschieht — eine Inkongruenz, eine Verschiebung in einer Beziehung, eine Stimmung, die sich noch nicht in Sprache ausdrückt.

Sie ist oft das, was am frühesten „weiß“, dass sich etwas verändert, lange bevor es sich in einer Kennzahl zeigt.
Ihr blinder Fleck: Sie kann nicht zwischen dem, was im Außen geschieht, und dem, was aus dem eigenen Inneren projiziert wird, unterscheiden — nicht ohne weitere Prüfung. Die typische Fehlanwendung ist die Überinterpretation: Eine wahrgenommene Spannung bei einem Gegenüber wird als Ablehnung gedeutet, obwohl sie schlicht von einem ganz anderen, der Person unbekannten Thema herrührt — einem Anruf kurz vor dem Termin, einer schlaflosen Nacht, nichts, das mit der eigentlichen Sache zu tun hat.

Vier Stimmen sagen Ja — eine sagt: Da war etwas

Was diese Szene so aufschlussreich macht, ist die Verteilung. Der Verstand sagte: Ja. Die Emotion sagte: Ja, sehr gerne. Der Körper war weitgehend ruhig. Die Intuition, wenn überhaupt, war neutral bis leicht positiv — ein bekanntes Muster, das vertrauenswürdig wirkte.

Und die fein eingestellte Wahrnehmung — die Sensitivität — registrierte: Da war etwas.

Alle vier Quellen schienen für die Entscheidung zu sprechen. Nur eine fein wahrgenommene Information — die leiseste, die am wenigsten greifbare — sagte etwas anderes. Nicht zwingend eine, die die Entscheidung umgekehrt hätte. Aber eine, die es wert gewesen wäre, zumindest ausgesprochen zu werden. Eine Frage mehr. Eine Klausel, die anders formuliert worden wäre. Eine Vereinbarung über Kommunikation, die von Anfang an klarer gewesen wäre.

Stattdessen wurde diese eine Wahrnehmung von den vier lauten Signalen übertönt — nicht absichtlich, sondern fast automatisch. Vier laute, klare Signale gegen eine leise, feine Wahrnehmung. In dieser Konstellation gewinnt fast immer die Mehrheit.

Die Frage, die dieses Kapitel stellt, ist nicht: Hätte die Sensitivität recht behalten sollen? Sondern: Hätte sie überhaupt einen Platz in der Entscheidung gehabt — wäre sie ausgesprochen worden?

Was diese vier Quellen unterscheidet — und was nicht

Es gibt eine Versuchung, ein solches Modell sofort in eine Reihenfolge zu bringen. Welche Quelle ist die wichtigste? Welche sollte zuerst befragt werden? Welche ist „höher" — der Verstand, weil er kontrollierbar ist, oder die Intuition, weil sie am wenigsten greifbar ist?

Diese Versuchung führt in eine Sackgasse. Denn keine dieser vier Quellen ist grundsätzlich überlegen. Jede liefert etwas, das die anderen nicht liefern — und jede hat einen blinden Fleck, den eine andere Quelle ausgleichen kann.

Im Beispiel von eben waren es vier gegen eine — und die eine hatte die entscheidende Information. In einer anderen Situation könnte es genau umgekehrt sein: Eine starke Sensitivität nimmt eine Spannung wahr, die sich später als völlig harmlos herausstellt — während der Verstand auf eine Zahl hinweist, die tatsächlich das Problem war. Keine Quelle hat einen Generalanspruch auf Richtigkeit. Jede ist eine Information unter mehreren.

Was tut man also mit einer Stimme, die leiser ist als die anderen? Die Antwort dieses Buches lautet nicht: Diese Stimme hat automatisch recht, weil sie „tiefer“ liegt. Und auch nicht: Diese Stimme wird überstimmt, weil die Mehrheit dagegen ist. Die Antwort lautet: Diese Stimme ist eine Information, die bisher fehlte — eine, die jetzt zur Verfügung steht, wenn sie gehört wird. Was daraus folgt, ist eine andere Frage. Aber sie zu überhören bedeutet, eine der verfügbaren Informationsquellen ungenutzt zu lassen.

Nicht jede Quelle ist gleich laut

Es gibt einen Satz, der das gesamte Modell zusammenfasst, ohne es zu vereinfachen:

Nicht jede Informationsquelle ist gleich laut.
Aber jede kann Informationen liefern, die den anderen fehlen.

Dieser Satz vermeidet zwei Fallen gleichzeitig.

Die erste Falle wäre eine Hierarchie: Verstand über Emotion, oder Intuition über Verstand, oder Sensitivität als die „höchste“ Form von Wahrnehmung. Jede Hierarchie dieser Art führt dazu, dass eine Quelle systematisch überhört wird — meist diejenige, die in einem bestimmten Umfeld als am wenigsten seriös gilt. In vielen Unternehmenskontexten sind das die Emotion und die Sensitivität. In manchen anderen Kontexten ist es umgekehrt der Verstand, der als „zu kalt“ gilt und übergangen wird.

Die zweite Falle wäre Gleichmacherei: Alle vier Quellen seien immer gleich relevant, gleich laut, gleich zu gewichten. Das entspricht nicht der Erfahrung. In einer Situation kann der Verstand die mit Abstand wichtigste Quelle sein — etwa bei einer komplexen finanziellen Kalkulation, bei der Intuition oder Körpersignale wenig beizutragen haben. In einer anderen Situation — etwa bei der Frage, ob einer Person vertraut werden kann — können Intuition und feine Wahrnehmung genau das liefern, was der Verstand mit den vorliegenden Daten nicht erfassen kann.

Die Lautstärke unterscheidet sich also von Situation zu Situation. Was sich nicht unterscheidet, ist die Existenz der Quelle. Sie ist immer da — auch wenn sie gerade leise ist.

Warum die meisten Fehlentscheidungen woanders entstehen, als man denkt

Es gibt eine verbreitete Vorstellung davon, wie Fehlentscheidungen entstehen: durch falsches Denken. Eine fehlerhafte Annahme, ein Rechenfehler, eine übersehene Variable, eine kognitive Verzerrung.

All das gibt es, und es ist real. Aber wenn man auf Entscheidungen zurückblickt, die sich im Nachhinein als problematisch erwiesen haben — bei sich selbst oder bei anderen — zeigt sich oft ein anderes Muster. Es war nicht so, dass falsch gedacht wurde. Es war so, dass etwas, das vorhanden war, keinen Platz in der Entscheidung bekommen hat.

Eine Unruhe, die als „nur ein Gefühl" abgetan wurde. Ein Signal aus dem Körper, das als Müdigkeit erklärt wurde. Eine Beobachtung aus der Sensitivität — „etwas wirkt hier nicht stimmig" —, die niemand laut ausgesprochen hat, weil sie sich nicht belegen ließ.

Im Rückblick ist es dann oft nicht so, dass jemand sagt: „Wir haben damals falsch gedacht." Sondern eher: „Wir haben das damals schon gespürt — wir haben nur nichts damit gemacht."

Das ist der Kern dieses Kapitels, und vielleicht der Kern des gesamten Buches: Die meisten Fehlentscheidungen entstehen nicht, weil wir falsch denken, sondern weil wir einen Teil der verfügbaren Informationen ignorieren.

Das ist eine bescheidenere Aussage, als sie zunächst klingt — und gerade deshalb robuster. Sie verlangt nicht, dass jemand seiner Intuition „vertrauen“ soll, oder dass Gefühle wichtiger seien als Fakten. Sie verlangt nur eines: dass nichts, was bereits vorhanden ist, von vornherein ausgeschlossen wird.

Wie sich diese Quellen gegenseitig brauchen

Ein Missverständnis, das sich an dieser Stelle leicht einschleicht, ist die Vorstellung, die vier Quellen würden nacheinander befragt — wie eine Checkliste, die abgearbeitet wird: Zuerst der Verstand, dann die Emotion, dann der Körper, und so weiter.

So funktioniert es nicht. In der Praxis arbeiten diese Quellen gleichzeitig, ständig, ineinander verwoben. Der Körper reagiert, während der Verstand noch analysiert. Die Sensitivität registriert etwas, während die Emotion bereits eine Bewertung vornimmt. Es gibt keine Reihenfolge — es gibt nur die Frage, wie viel von diesem gleichzeitigen Strom überhaupt bewusst wird.

Ein Bild, das hilfreich sein kann: Stellen Sie sich ein Orchester vor, in dem vier Instrumente gleichzeitig spielen. In manchen Momenten tritt ein

Instrument in den Vordergrund, während die anderen leiser werden — aber sie spielen weiter. Ein Dirigent, der nur ein Instrument hört, verpasst nicht nur die anderen drei. Er verpasst auch, wie sie zusammen klingen. Und die Sensitivität? Sie ist in diesem Bild das Gehör des Dirigenten — sie bestimmt, wie fein er die einzelnen Stimmen überhaupt hören kann.

Was in den vorangegangenen Kapiteln beschrieben wurde — ein Mensch, der über Jahre fast ausschließlich auf eine Antwort trainiert war, nämlich Durchhalten — lässt sich aus dieser Perspektive neu lesen: Es war nicht so, dass die anderen vier Instrumente verschwunden wären. Sie spielten weiter. Aber im Mix war nur noch eines wirklich hörbar.

Was sich verändert, wenn jemand beginnt, wieder hinzuhören, ist nicht, dass neue Instrumente hinzukommen. Es ist, dass die bereits vorhandenen wieder wahrgenommen werden.

Eine Übung in Erinnerung

Es lohnt sich, an dieser Stelle eine Entscheidung der Vergangenheit zurückzurufen — eine, bei der im Nachhinein das Gefühl blieb: Das war richtig. Nicht, weil das Ergebnis perfekt war, sondern weil die Entscheidung sich auch im Rückblick gut anfühlt.

Was, wenn man diese Entscheidung durch die vier Quellen betrachtet? Oft zeigt sich: Es war nicht eine einzelne Quelle, die den Ausschlag gab. Es war ein Zusammenspiel. Die Zahlen sprachen dafür — und es fühlte sich auch richtig an. Der Körper war ruhig — und die Erfahrung sagte: das passt. Vielleicht gab es sogar eine leise Beobachtung am Rande, die erst im Nachhinein an Bedeutung gewann.

Und nun eine zweite Erinnerung: eine Entscheidung, die sich falsch anfühlte — nicht zwangsläufig im Ergebnis, sondern im Prozess. Oft zeigt sich hier etwas anderes: Eine Quelle wurde übergangen. „Die Zahlen waren so klar, dass wir das andere nicht weiter beachtet haben." Oder: „Mein Gefühl war so stark, dass ich gar nicht mehr richtig hingeschaut habe."

Diese beiden Erinnerungen, nebeneinander betrachtet, zeigen oft mehr über das eigene Entscheidungsverhalten als jede abstrakte Erklärung.

Was sich von hier aus öffnet

Mit diesem Kapitel ist eine Bewegung abgeschlossen, die sich über mehrere Kapitel hinweg aufgebaut hat. Es begann mit der Erkenntnis, dass Erfahrung allein nicht schützt, dass Analyse Grenzen hat, dass Gewissheit oft nie kommt. Es ging weiter mit der Frage, woher ein Wissen kommen kann, das sich noch nicht begründen lässt — und mit der Einsicht, dass der Mensch, der entscheidet, mehr ist als ein Rechenwerk. Daraus entstand ein Bild: das eigene Fahrzeug. Seine Bauweise. Seine Signale. Was passiert, wenn diese Signale dauerhaft überlastet werden. Und was passiert, wenn man über Jahre versucht, mit einer einzigen Antwort auf alles zu reagieren, unabhängig von der eigentlichen Bauweise.

Dieses Kapitel führt all das zusammen — nicht als Abschluss, sondern als Grundlage. Vier Quellen, eine Sensitivität, ein System — kein Ranking, sondern ein Zusammenspiel. Die Frage war nie: Wie finde ich die eine richtige Antwort? Die Frage war: Wie viel von dem, was mir bereits zur Verfügung steht, nutze ich tatsächlich? Was bisher gefehlt hat, ist nicht primär Wissen über vier Quellen. Es ist die Praxis, sie im Alltag, in echten Entscheidungen, unter Zeitdruck und mit Verantwortung tatsächlich zu nutzen. Genau davon handelt der Rest dieses Buches.

Vier Stimmen können Ja sagen. Die leise Wahrnehmung daneben muss nicht recht behalten — aber sie verdient einen Platz am Tisch.

Rastplatz

Denk an eine wichtige Entscheidung der letzten Monate.

Welche der vier Quellen — Verstand, Emotion, Körper, Intuition — hast du dabei tatsächlich befragt? Und welche hast du übersprungen, vielleicht ohne es zu merken? Was, wenn genau diese Quelle etwas zu sagen gehabt hätte?

Kapitel 11
Entscheiden, wenn keine Gewissheit existiert

Die Unterlagen lagen vollständig vor. Eine Investitionsentscheidung, mittlere Größenordnung — nicht die Art, die monatelang die gesamte Organisation in Atem hält, aber groß genug, dass sie nicht einfach nebenbei getroffen werden konnte. Die Wirtschaftlichkeitsrechnung war sauber. Die Risiken waren benannt, bewertet, mit Eintrittswahrscheinlichkeiten versehen. Die Empfehlung der Fachabteilung war eindeutig: machen.

Und trotzdem saß am Ende des Tisches die Frage, die in solchen Runden selten ausgesprochen wird, aber fast immer im Raum ist: Reicht das?

Reicht es, was wir wissen? Oder fehlt noch etwas — eine letzte Prüfung, eine weitere Meinung, ein Aufschub, bis sich etwas klärt, das sich gerade noch nicht klären lässt?

An diesem Punkt trifft sich alles, was in den vorangegangenen Kapiteln entwickelt wurde. Die Erfahrung der Runde sagte: Das passt, das kennen wir. Die Analyse war abgeschlossen — eine weitere Runde hätte, ehrlich betrachtet, nichts Neues mehr gebracht. Und die Gewissheit, auf die ein Teil der Runde unbewusst wartete, würde nicht kommen — nicht in dieser Sitzung, nicht in der nächsten, möglicherweise nie.

Was an diesem Tisch fehlte, war nicht Information. Was fehlte, war eine andere Frage.

Die falsche Frage und ihre Geschwister

„Reicht das?" ist, bei genauerem Hinsehen, eine seltsame Frage. Sie impliziert, es gäbe einen Zustand — „genug" — der erreicht werden könnte, bevor man weitergeht. Ein Schwellenwert, ab dem man sich sicher fühlen dürfte.

Die vorangegangenen Kapitel haben gezeigt, warum dieser Schwellenwert eine Illusion ist. „Reicht das?" hat mehrere Geschwister, die alle aus derselben Familie stammen: „Haben wir wirklich alles geprüft?" — eine Variante von Kapitel 2, der Analyse, die sich als Aufschub tarnt. „Können wir das wirklich verantworten?" — eine Variante von Kapitel 3, dem Warten auf einen Zeitpunkt, der nie kommt. Und manchmal, leiser: „Ist da nicht doch noch etwas, das wir übersehen?" — eine Frage, die sich anhört wie Sorgfalt, aber oft nur das Unbehagen davor ist, jetzt verantwortlich zu werden.

Keine dieser Fragen ist falsch gestellt, weil sie unsinnig wäre. Sie ist falsch gestellt, weil sie eine Antwort verlangt, die es nicht gibt. Es gibt keinen Zustand „genug Gewissheit". Es gibt nur einen Zustand „genug, um zu entscheiden, mit dem Wissen, dass Restunsicherheit bleibt".

Die eigentliche Frage, die an diesem Tisch hätte gestellt werden können — und die in den seltensten Runden je explizit gestellt wird — lautet anders:

Welche der Informationen, die uns zur Verfügung stehen, haben wir eigentlich genutzt — und welche haben wir übersehen, weil wir sie nicht für relevant gehalten haben?

Was an diesem Tisch tatsächlich vorhanden war

Wenn man die Situation am Ende dieses Tages durch die vier Informationsquellen aus dem vorherigen Teil dieses Buches betrachtet, zeigt sich etwas Interessantes.

Der Verstand hatte seine Arbeit getan — gründlich, nachvollziehbar, mit einem klaren Ergebnis. Die Zahlen sprachen für die Investition.

Die Emotion war ebenfalls präsent, auch wenn sie in einer solchen Runde selten so genannt wird: eine Mischung aus Erleichterung (das Thema ist lange vorbereitet, jetzt kann es endlich weitergehen) und einer leichten Ungeduld bei manchen — dem Wunsch, diesen Tagesordnungspunkt abzuschließen, weil noch andere Themen warteten.

Der Körper — das war die unauffälligste der vier Quellen an diesem Tag, und vermutlich gerade deshalb die am wenigsten beachtete. Bei einer Person in der Runde, die sich später daran erinnerte, gab es ein leichtes Unbehagen, das sich nicht auf die Zahlen bezog, sondern auf den Zeitpunkt: das Gefühl, dass diese Entscheidung gerade zu glatt lief, verglichen mit anderen, ähnlich großen Entscheidungen in der Vergangenheit.

Die Intuition — bei mehreren Personen in der Runde gab es eine Art von Wiedererkennen: Diese Konstellation kennen wir, das ist gut gelaufen, als wir es zuletzt so gemacht haben.

Und die Sensitivität — hier wird es interessant. Eine Person hatte registriert, dass der Vertreter der Fachabteilung, der die Empfehlung vortrug, an einer bestimmten Stelle kurz zögerte — bei der Frage nach dem Zeitplan für die Umsetzung. Ein Zögern, das sofort wieder überspielt wurde, mit einer Antwort, die kompetent und beruhigend klang. Niemand sprach dieses Zögern an.

Vier Quellen für „Ja", eine für „Da war etwas"

Diese Verteilung ist exakt die Konstellation, die in einem früheren Kapitel bereits beschrieben wurde — und sie taucht in der Praxis erstaunlich häufig auf, in genau dieser Form: Mehrere Quellen sprechen für eine Entscheidung. Eine, leiser als die anderen, hat eine andere Information.

In der Sitzung damals wurde diese eine Information nicht ausgesprochen. Nicht aus Feigheit, und auch nicht, weil jemand sie bewusst unterdrückt hätte. Sondern weil es in dem Moment keinen Rahmen dafür gab. Die Tagesordnung sah vor: Vorstellung, Diskussion, Entscheidung. Für „mir ist da gerade ein kurzes Zögern aufgefallen, das ich nicht einordnen kann" gab es in diesem Rahmen keinen Platz — es hätte sich angefühlt wie eine Unterbrechung, vielleicht sogar wie ein Vorwurf an den Vortragenden, für etwas, das sich kaum benennen ließ.

Die Entscheidung wurde getroffen. Die Investition wurde freigegeben.

Ein gutes Jahr später zeigte sich: Der Zeitplan, über den kurz gezögert worden war, hielt nicht. Nicht dramatisch — aber genug, um Folgekosten zu verursachen, die in der ursprünglichen Rechnung nicht vorgesehen waren. Im Rückblick ließ sich das kurze Zögern in der Sitzung sehr genau diesem Punkt zuordnen.

Das bedeutet nicht, dass die Entscheidung falsch war. Die Investition war weiterhin sinnvoll, auch mit den zusätzlichen Kosten. Was sich im Rückblick zeigte, war etwas anderes: Eine Information war an diesem Tag vorhanden — bei einer einzelnen Person, über eine einzelne Wahrnehmung, kaum greifbar. Sie hätte nichts an der grundsätzlichen Entscheidung geändert. Aber sie hätte möglicherweise dazu geführt, dass der Zeitplan noch einmal genauer angeschaut worden wäre — mit dem Ergebnis, dass die spätere Verzögerung kein Schock gewesen wäre, sondern etwas, auf das man vorbereitet war.

Eine Frage, kein Verfahren

Es wäre naheliegend, aus dieser Geschichte ein Verfahren abzuleiten: Vor jeder wichtigen Entscheidung sollen alle Beteiligten nacheinander ihre vier Quellen abfragen, der Reihe nach, dokumentiert in einem Formular.

Genau das ist nicht gemeint — und es würde auch nicht funktionieren. Ein solches Verfahren würde aus einer lebendigen Wahrnehmung eine weitere Pflichtübung machen, die schnell zur Formalität verkommt: vier Kästchen, die angekreuzt werden, weil sie angekreuzt werden müssen, nicht weil tatsächlich hingehört wurde.

Was tatsächlich gemeint ist, ist näher an einem Reflex als an einem Verfahren — aber an einem anderen Reflex als den, die in den ersten Kapiteln dieses Buches beschrieben wurden. Nicht der Reflex „durchhalten“ oder „weiter klären“, sondern ein neuer, viel kleinerer Reflex: die kurze, stille Frage an sich selbst, kurz bevor eine Entscheidung getroffen wird — Ist gerade irgendwo in mir etwas, das ich übergehe, weil es nicht in diese Runde zu passen scheint?

Diese Frage kostet keine Zeit. Sie verlangt keine Dokumentation. Sie verändert nicht den Ablauf einer Sitzung. Was sie verändert, ist etwas viel Kleineres und gleichzeitig viel Größeres: einen kurzen Moment des Hinhörens, bevor die Entscheidung den Raum verlässt.

Wenn die leise Stimme tatsächlich recht behält

Es wäre unvollständig, nur von Fällen zu erzählen, in denen die leise Stimme im Nachhinein bedeutsam war. Es gibt genauso viele Fälle, in denen sie es nicht ist.

Manchmal registriert jemand ein Zögern, eine Inkongruenz, ein ungutes Gefühl — und es bedeutet, am Ende, schlicht nichts. Die Person, die kurz zögerte, hatte einen schlechten Tag, oder war müde, oder dachte gerade an etwas Privates. Die Investition läuft reibungslos. Im Rückblick fragt niemand mehr nach dem kurzen Moment der Unsicherheit, weil er folgenlos blieb.

Das ist kein Gegenargument zu dem, was in diesem Kapitel beschrieben wird. Es ist Teil davon. Die leise Stimme zu hören bedeutet nicht, ihr automatisch zu folgen oder ihr ein Veto zu geben. Es bedeutet, sie als das zu behandeln, was sie ist: eine von mehreren Informationen, die zur Verfügung stand — manchmal bedeutsam, manchmal nicht, aber in jedem Fall eine Information, die jetzt da war und später nicht mehr rekonstruierbar gewesen wäre.

Der Unterschied zwischen einer Entscheidung, bei der diese Information gehört, aber nicht überbewertet wurde, und einer, bei der sie gar nicht erst zur Kenntnis genommen wurde, zeigt sich oft erst Monate später — und manchmal zeigt er sich gar nicht, weil nichts passiert, was ihn sichtbar machen würde. Das macht diese Praxis nicht weniger wertvoll. Es macht nur deutlich, dass ihr Wert sich nicht in jedem Einzelfall beweisen lässt — sondern über viele Entscheidungen hinweg.

Was eine gute Entscheidung tatsächlich ausmacht

Damit lässt sich der Gedanke, der dieses Kapitel trägt, präzise formulieren — und er unterscheidet sich von dem, was die meisten Menschen unter einer „guten Entscheidung“ verstehen.

Die verbreitete Vorstellung lautet: Eine gute Entscheidung ist eine, die sich später als richtig erweist. Das Ergebnis bestätigt die Entscheidung.

Diese Vorstellung hat ein Problem, das in Kapitel 3 bereits angedeutet wurde: Sie macht die Qualität einer Entscheidung abhängig von Faktoren, die zum Zeitpunkt der Entscheidung gar nicht bekannt sein konnten — Marktentwicklungen, das Verhalten anderer Menschen, Zufälle. Eine Entscheidung, die auf einer schmalen, einseitigen Informationsbasis getroffen wurde, kann trotzdem gut ausgehen. Und eine Entscheidung, die auf einer breiten, sorgfältig gehörten Informationsbasis getroffen wurde, kann trotzdem schlecht ausgehen — weil etwas eintrat, das niemand wissen konnte.

Die andere Vorstellung — die, um die es in diesem Kapitel geht — lautet: Eine gute Entscheidung ist eine, bei der möglichst wenige der zur Verfügung stehenden Informationsquellen ungenutzt blieben. Nicht: alle Informationen der Welt. Sondern: alle Informationen, die in diesem Moment, in diesem Raum, in diesen Menschen tatsächlich vorhanden waren.

Diese Definition hat einen entscheidenden Vorteil: Sie ist vor der Entscheidung überprüfbar, nicht erst danach. Man muss nicht auf das Ergebnis warten, um zu wissen, ob man gut entschieden hat. Man kann es, in gewissem Sinne, schon im Moment der Entscheidung wissen — oder zumindest die Voraussetzungen dafür schaffen.

Der Übergang

Bisher war in diesem Buch vor allem von einem einzelnen Menschen die Rede — seinem eigenen Navigationssystem, seinen eigenen vier Quellen, seiner eigenen Geschichte mit ihnen.

Aber die Sitzung, von der dieses Kapitel handelt, war keine Situation mit einer Person. Es waren mehrere — und jede von ihnen brachte ihr eigenes Navigationssystem mit, ihre eigene Kalibrierung, ihre eigene Art, Signale zu lesen oder zu übergehen.

Die leise Stimme, die in diesem Kapitel eine Rolle spielte, gehörte nicht der Person, die die Entscheidung am Ende verantwortete. Sie gehörte jemand anderem in der Runde. Was bedeutet das für Führung — wenn die Information, die fehlt, nicht im eigenen System liegt, sondern im System eines anderen Menschen, der vielleicht selbst nicht wusste, wie er sie einordnen sollte?

Genau dort setzt das nächste Kapitel an.

Eine gute Entscheidung unter Unsicherheit ist nicht die, bei der man hinterher recht hatte. Es ist die, bei der möglichst wenig von dem, was in diesem Moment verfügbar war, ungehört blieb.

Rastplatz

Nimm eine Entscheidung, die in den nächsten Tagen vor dir liegt.

Frag dich nicht: Was soll ich tun.
Sondern: Welche meiner Informationsquellen habe ich dazu bisher noch gar nicht befragt?

Kapitel 12
Menschen führen, ohne sie kontrollieren zu müssen

Die Rückmeldung kam wieder zu spät.

Nicht dramatisch zu spät — ein, zwei Tage über dem, was vereinbart war. Aber es war nicht das erste Mal. Die Führungskraft hatte das Thema bereits zweimal angesprochen, freundlich, klar, mit konkreten Beispielen. Die Reaktion war jedes Mal dieselbe: Verständnis, eine Entschuldigung, das Versprechen, es würde besser werden. Und dann, beim nächsten Mal, wieder dasselbe Muster.

Aus Sicht der Führungskraft war die Sache eigentlich einfach. Die Erwartung war klar formuliert. Die Bedeutung war erklärt worden — warum dieser Termin wichtig war, was davon abhing. Es gab regelmäßige Nachfragen, ohne dass sie wie Kontrolle wirken sollten. Alles, was eine gute Führungskraft tun sollte, war getan.

Und trotzdem: wieder zu spät.

Die naheliegenden Erklärungen lagen auf der Hand. Vielleicht fehlte es an Motivation. Vielleicht war die Bedeutung nicht wirklich verstanden worden, trotz aller Erklärungen. Vielleicht — und das war die Erklärung, die am schwersten auszusprechen war — übernahm diese Person einfach nicht genug Verantwortung.

Es gibt eine vierte Möglichkeit, die in solchen Situationen selten in Betracht gezogen wird, weil sie eine andere Richtung hat als die ersten drei. Die ersten drei zeigen alle auf die andere Person — auf ihre Motivation, ihr Verständnis, ihre Verantwortungsbereitschaft. Die vierte Möglichkeit zeigt zurück: Vielleicht ist die Erwartung selbst, so wie sie formuliert wurde, für diese Person schwerer zu erfüllen als für andere — nicht, weil sie unwilliger ist, sondern weil sie anders arbeitet.

Die eigene Bauweise als unsichtbarer Maßstab

In Kapitel 6 dieses Buches war von vier Fahrzeugen die Rede, die auf derselben Straße unterwegs sind — jedes mit einer eigenen Bauweise, jedes mit eigenen Stärken, keines davon „das richtige".

Was für ein einzelnes Fahrzeug gilt, gilt auch für eine Gruppe von Fahrzeugen, die gemeinsam unterwegs sind — ein Team, eine Abteilung, eine Organisation. Und hier entsteht ein Effekt, der in der ursprünglichen Rastplatz-Szene keine Rolle spielte, weil dort alle vier Fahrer gleichberechtigt waren: Was passiert, wenn einer dieser vier Fahrer plötzlich die Route für alle anderen festlegt?

Jede Führungskraft führt — zunächst, fast unausweichlich — so, wie sie selbst geführt werden möchte. Wer selbst schnell entscheidet, erwartet schnelle Antworten von anderen, und empfindet Zögern leicht als Unentschlossenheit. Wer selbst sehr strukturiert arbeitet, baut Strukturen, die für strukturierte Menschen hilfreich sind — und für andere wie ein

Korsett wirken. Wer selbst am liebsten viel Freiraum hat, gibt Freiraum, der für jemanden, der eigentlich klare Leitplanken bräuchte, eher wie Orientierungslosigkeit wirkt.

Keine dieser Führungsweisen ist falsch. Jede von ihnen ist, für Menschen mit einer ähnlichen Bauweise, sogar genau richtig. Das Problem entsteht an einer ganz bestimmten Stelle: wenn die eigene Bauweise unbemerkt zur Norm wird — zu dem, was „normales Arbeiten" bedeutet, gegen das alles andere als Abweichung erscheint.

Die Person mit der wiederholt verspäteten Rückmeldung könnte, durch genau diese Linse betrachtet, ein ganz anderes Bild abgeben. Vielleicht ist diese Person jemand, der Informationen lieber mündlich klärt als schriftlich zu dokumentieren — und das schriftliche Format selbst, nicht die Frist, war die eigentliche Hürde. Vielleicht ist es jemand, der unter dem wiederholten, freundlichen Nachfragen zunehmend Druck empfindet — einen Druck, der genau die Art von Anspannung erzeugt, die in Kapitel 8 beschrieben wurde, und der die Erledigung der Aufgabe nicht erleichtert, sondern erschwert. Keine dieser Möglichkeiten war in den drei naheliegenden Erklärungen enthalten — weil alle drei davon ausgingen, dass die Erwartung selbst neutral war, und nur die Reaktion darauf das Problem.

Wenn Kontrolle aus Unsicherheit entsteht

Es gibt eine zweite Bewegung, die sich in solchen Situationen häufig zeigt — und die ebenfalls selten als das erkannt wird, was sie ist.

Nach der zweiten oder dritten verspäteten Rückmeldung beginnt sich etwas zu verändern: Es werden mehr Zwischentermine eingeplant. Die Anforderungen werden noch genauer spezifiziert. Vielleicht wird ein zusätzlicher Statusbericht eingeführt, „nur zur Sicherheit". All das geschieht mit der besten Absicht — und löst tatsächlich, kurzfristig, ein Problem: Die Wahrscheinlichkeit, dass etwas übersehen wird, sinkt.

Was dabei oft übersehen wird, ist die Wirkung auf der anderen Seite. Mehr Kontrolle ist, aus der Perspektive der kontrollierten Person, ein Signal — auch wenn es nicht als solches gemeint ist. Es signalisiert: Hier wird dir nicht zugetraut, das eigenständig zu schaffen. Bei manchen Menschen führt das zu mehr Anstrengung, aus dem Wunsch, dieses Signal zu widerlegen. Bei anderen — und das ist eine ebenso menschliche, ebenso verständliche Reaktion — führt es zu einer Art von innerem Rückzug: Wenn ohnehin kontrolliert wird, verschiebt sich die eigene Verantwortung gefühlt nach oben, zu der Person, die kontrolliert.

Kontrolle entsteht in solchen Situationen fast nie aus Machtstreben. Sie entsteht aus etwas, das in diesem Buch bereits eine zentrale Rolle gespielt hat: aus dem Versuch, Unsicherheit zu reduzieren — in diesem Fall, die Unsicherheit darüber, ob sich auf eine andere Person verlassen werden kann. Je geringer dieses Vertrauen, desto mehr Kontrolle wird aufgebaut, um die fehlende Gewissheit zu kompensieren. Das ist exakt dieselbe Bewegung, die in Kapitel 2 beschrieben wurde — nur dass dort die zusätzliche Analyserunde das eigene Unbehagen beruhigte, und hier die zusätzliche Kontrollschleife das Unbehagen über eine andere Person.

Die verschobene Frage

An diesem Punkt lohnt sich eine Verschiebung, die unauffällig wirkt, aber die gesamte Situation verändert.

Die Frage, die sich eine Führungskraft in einer solchen Situation typischerweise stellt, lautet: Warum macht diese Person das nicht so, wie ich es brauche?

Diese Frage hat eine implizite Antwortrichtung bereits eingebaut. Sie setzt voraus, dass „so, wie ich es brauche" der Bezugspunkt ist, von dem aus die andere Person abweicht. Jede Antwort auf diese Frage wird daher zwangsläufig eine Erklärung für eine Abweichung sein — und Erklärungen für Abweichungen klingen fast immer wie Defizite.

Die andere Frage lautet: Wie ist dieses Fahrzeug eigentlich gebaut?

Diese Frage hat keine vorgegebene Antwortrichtung. Sie öffnet einen Raum, in dem die Antwort nicht „Defizit" oder „fehlende Motivation" lauten muss, sondern schlicht: anders. Jemand, der Informationen lieber im Gespräch klärt. Jemand, der unter zu engmaschiger Kontrolle eher schlechter wird, nicht besser. Jemand, der eine Aufgabe erst dann wirklich beginnt, wenn er den Sinn dahinter vollständig durchdrungen hat — was bedeutet, dass eine knapp formulierte Erwartung bei dieser Person eine ganz andere Wirkung hat als bei jemandem, der einfach losprecschen würde.

Der Unterschied zwischen diesen beiden Fragen ist nicht nur sprachlich. Die erste Frage führt fast zwangsläufig zu mehr von dem, was bereits da war: mehr Erklärung, mehr Nachfragen, mehr Kontrolle — alles Dinge, die für die eigene Bauweise funktionieren würden, aber bei einer anders gebauten Person nicht denselben Effekt haben. Die zweite Frage öffnet die Möglichkeit für etwas Neues: eine Anpassung, die nicht bei der anderen Person ansetzt, sondern bei der Art, wie zusammengearbeitet wird.

Was sich verändert, wenn die Frage sich ändert

Im konkreten Fall der verspäteten Rückmeldungen könnte diese veränderte Frage zu einem Gespräch führen, das anders verläuft als die vorherigen. Nicht: „Warum ist das wieder zu spät?“ — eine Frage, auf die es kaum eine Antwort gibt, die nicht wie eine Rechtfertigung klingt. Sondern: „Mir ist aufgefallen, dass die schriftliche Frist öfter eng wird — wie würde es dir leichter fallen, mir diese Information zu geben?“

Diese zweite Frage tut etwas, das die erste nicht kann: Sie verlagert das Problem von der Person zur Methode. Und Methoden lassen sich verändern, ohne dass jemand sich rechtfertigen muss. Vielleicht stellt sich heraus, dass ein kurzes mündliches Update, direkt im Gespräch, für diese Person deutlich besser funktioniert als ein schriftlicher Bericht zu einem festen Termin — und liefert am Ende dieselbe Information, nur auf einem anderen Weg.

Das ist kein Nachgeben. Es ist keine Sonderbehandlung im Sinne von Bevorzugung. Es ist die praktische Konsequenz aus etwas, das in diesem Buch bereits mehrfach eine Rolle gespielt hat: dass dieselbe Anforderung, an unterschiedliche Bauweisen gerichtet, unterschiedlich gut funktioniert — nicht, weil eine Bauweise besser wäre, sondern weil sie anders ist.

Bedingungen statt Anpassung

Es gibt eine wichtige Grenze, die in diesem Zusammenhang gezogen werden muss — sonst entsteht ein Missverständnis, das die gesamte Idee untergräbt.

Es geht hier nicht darum, dass jede Führungskraft für jedes Teammitglied ein vollständig individuelles System aufbauen müsste, mit eigenen Regeln für jeden Einzelnen, ohne gemeinsame Basis. Das wäre weder praktikabel noch wünschenswert — es würde Führung zu einem ständigen Verhandeln machen und am Ende mehr Verwirrung schaffen als Klarheit.

Der Unterschied liegt woanders. Es geht nicht darum, für jede Person ein anderes Ziel zu definieren. Das Ziel — die termingerechte, vollständige Information — bleibt für alle gleich. Was sich unterscheiden kann, ist der Weg, auf dem dieses Ziel erreicht wird. Eine gute Führungskraft, im Sinne dieses Buches, schafft nicht für jeden eine eigene Welt — sie schafft Bedingungen, innerhalb derer unterschiedlich gebaute Menschen auf ihre jeweils eigene Weise zu demselben Ergebnis kommen können.

Das ist ein Unterschied, der sich auch in der Haltung zeigt. Die Frage ist nicht: „Was muss ich für diese eine Person anders machen?“ — als ständige Ausnahmeverwaltung. Die Frage ist: „Ist die Art, wie wir hier zusammenarbeiten, so gestaltet, dass sie nur für einen bestimmten Fahrzeugtyp funktioniert — oder lässt sie Raum für mehrere?“

Was als Nächstes folgt

In diesem Kapitel ging es um eine einzelne Beziehung — eine Führungskraft, eine Person, ein wiederkehrendes Muster. Die vier Informationsquellen aus Kapitel 10 waren hier vor allem auf einer Seite im Spiel: bei der Führungskraft, die lernen musste, eine andere Frage zu stellen.

Was aber, wenn nicht nur zwei, sondern mehrere unterschiedlich gebaute Menschen aufeinandertreffen — und ihre jeweiligen Wahrnehmungen, ihre jeweiligen „Meldungen“ über eine Situation, sich nicht ergänzen, sondern widersprechen? Wenn die eine Person ein Risiko sieht, das die andere nicht sieht — und beide, auf ihre Weise, recht haben?

Das ist keine Frage von Bauweisen mehr allein. Das ist der Moment, in dem aus Unterschiedlichkeit etwas wird, das die meisten Menschen als Konflikt bezeichnen würden. Und genau dort setzt das nächste Kapitel an.

Die meisten Führungsprobleme entstehen nicht, weil Menschen nicht geführt werden wollen. Sie entstehen, weil Führungskräfte versuchen, andere Menschen so zu führen, als wären sie selbst.

Rastplatz

Denk an eine Person, mit der die Zusammenarbeit immer wieder Reibung erzeugt — nicht aus offenem Konflikt, sondern aus einem leisen, wiederkehrenden Unstimmigkeitsgefühl.

Welche Erwartung, die du an diese Person stellst, ist eigentlich eine Beschreibung deiner eigenen Bauweise — und nicht zwingend der ihren?

Kapitel 13
Konflikte als Informationsquelle

Zwei Führungskräfte, ein Projekt, eine Sitzung — und am Ende ein Konflikt, der niemandem gefiel.

Die eine Person hatte sich gründlich vorbereitet. Zahlen, Szenarien, eine klare Empfehlung: Das Projekt sollte wie geplant weiterlaufen. Die Daten waren eindeutig, die Argumentation stimmig, und in der Runde nickten mehrere zustimmend.

Die andere Person sagte etwas, das in diesem Moment unpassend wirkte: ein diffuses Unbehagen. Kein Gegenargument im klassischen Sinne — keine Zahl, die widersprach, kein übersehener Faktor, den man hätte nachreichen können. Nur ein Gefühl, dass etwas nicht stimmte. Etwas an der Art, wie sich die letzten Wochen entwickelt hatten. Etwas, das sich nicht in die vorgelegten Folien einfügen wollte.

Was folgte, war kein offener Streit. Es war etwas Subtileres: eine Spannung, die sich über die nächsten Minuten der Sitzung legte. Die erste Person wurde defensiver, ohne dass jemand sie angegriffen hätte. Die zweite Person zog sich zurück, formulierte vorsichtiger, fast entschuldigend. Am Ende wurde die Empfehlung angenommen — mit einem Beigeschmack, der im Protokoll nicht auftaucht, aber im Raum spürbar war.

Ein halbes Jahr später zeigte sich: Das Unbehagen hatte einen Kern. Nicht in den Zahlen — die waren korrekt gewesen. Sondern in einer Entwicklung, die zum Zeitpunkt der Sitzung noch nicht in Zahlen fassbar war, aber bereits begonnen hatte.

Zwei Ausschnitte derselben Wirklichkeit

In Kapitel 11 war von einer Sitzung die Rede, in der vier Informationsquellen für „Ja" sprachen und eine leise Stimme etwas anderes wahrnahm — und in der diese eine Stimme schlicht überhört wurde, weil niemand wusste, wie er sie einordnen sollte.

Die Situation in diesem Kapitel ist verwandt, aber anders: Hier wurde die leise Stimme nicht überhört. Sie wurde ausgesprochen — von einer anderen Person als der, die die Hauptverantwortung trug. Und genau das veränderte alles.

Was in Kapitel 11 als innerer Konflikt einer einzelnen Person beschrieben wurde — der Verstand sagt Ja, ein leises Unbehagen sagt etwas anderes — , wird hier zu einem Konflikt zwischen zwei Menschen. Die eine Person verkörperte, in dieser Sitzung, vor allem Verstand und Analyse: Zahlen, Struktur, eine klare Linie. Die andere Person verkörperte vor allem Sensitivität: eine Wahrnehmung von Entwicklungen, Stimmungen, Verschiebungen, die sich noch nicht in Daten zeigten.

Beide hatten recht — mit dem, was sie wahrnahmen. Die Zahlen waren korrekt. Und die Entwicklung, die sich noch nicht in Zahlen zeigte, war real.

Der Konflikt entstand nicht, weil eine der beiden Personen falsch lag. Er entstand, weil zwei unterschiedliche Ausschnitte derselben Wirklichkeit aufeinandertrafen — und in dem Moment, in dem das geschah, niemand eine Sprache dafür hatte, beide Ausschnitte gleichzeitig zu halten.

Was Konflikt normalerweise bedeutet — und was er auch bedeuten kann

Das Wort „Konflikt“ trägt eine Vorgeschichte. Es ruft Bilder hervor: zwei Positionen, die sich gegenüberstehen, ein Gewinner, ein Verlierer, vielleicht ein Kompromiss als Notlösung. In den meisten Organisationen gilt Konflikt als etwas, das gelöst werden muss — möglichst schnell, möglichst geräuschlos.

Diese Sichtweise ist nicht falsch. Es gibt Konflikte, die genau das sind: Interessengegensätze, ungelöste persönliche Spannungen, Machtfragen. Diese Konflikte verdienen es, als solche behandelt zu werden — und dieses Kapitel will sie nicht verharmlosen oder wegerklären.

Aber es gibt eine zweite Art von Konflikt, die sich von außen identisch anfühlen kann, deren Ursprung aber ein anderer ist. Diese zweite Art entsteht nicht aus Widerstand, sondern aus Differenz in der Wahrnehmung.

Zwei Menschen schauen auf dieselbe Situation und sehen — ehrlich, ohne Hintergedanken — etwas Unterschiedliches. Nicht, weil einer von beiden lügt oder etwas durchsetzen will. Sondern weil ihre jeweiligen „Sensoren" — um im Bild dieses Buches zu bleiben — auf unterschiedliche Aspekte derselben Situation reagieren.

Bei dieser zweiten Art von Konflikt ist die übliche Reaktion — schnell auflösen, eine Seite überzeugen, einen Kompromiss finden — nicht hilfreich. Sie behandelt das Symptom (die Spannung im Raum), ohne die eigentliche Information zu nutzen, die in diesem Konflikt steckt.

Die Versuchung der schnellen Auflösung

In der Sitzung, von der dieses Kapitel ausgeht, gab es mehrere Möglichkeiten, wie die Spannung hätte „aufgelöst" werden können — und keine davon hätte die eigentliche Information sichtbar gemacht.

Eine Möglichkeit: Die Person mit dem Unbehagen hätte zur eigenen Position übergehen können — „Du hast wahrscheinlich recht, lass uns wie geplant weitermachen." Die Spannung wäre verschwunden. Die Sitzung wäre harmonisch zu Ende gegangen. Und die Information, die in diesem Unbehagen steckte, wäre mit verschwunden.

Eine andere Möglichkeit: Die Runde hätte sich auf die Seite des Unbehagens schlagen können — „Wenn du ein schlechtes Gefühl hast, sollten wir vielleicht doch noch warten." Auch das hätte die Spannung beendet. Aber es hätte die sorgfältige Analyse, die ebenfalls eine reale, wertvolle Information war, entwertet — ohne dass tatsächlich geklärt worden wäre, worauf sich das Unbehagen genau bezog.

Eine dritte Möglichkeit, vielleicht die häufigste: Man hätte das Thema vertagt — „Lass uns das nächste Woche noch einmal anschauen, wenn wir mehr wissen." Auf den ersten Blick vernünftig. Aber auch das wäre, im Licht von Kapitel 2, eine Form gewesen, das Unbehagen über die Spannung selbst zu beruhigen, ohne die Spannung als das zu nutzen, was sie war: ein Hinweis, dass im Raum zwei unterschiedliche, beide reale Informationen lagen, die zusammen mehr ergaben als jede für sich.

Was in keinem dieser drei Fälle passiert wäre: dass beide Informationen — die Zahlen und das Unbehagen — gleichzeitig auf dem Tisch bleiben, ohne dass eine die andere verdrängt.

Eine andere Frage an den Konflikt

Es gibt eine Frage, die in solchen Momenten selten gestellt wird, weil sie ungewohnt ist — sie setzt eine Pause voraus, die sich in einer angespannten Sitzung unangenehm anfühlt: Was, wenn beide Wahrnehmungen zutreffend sind — nur für unterschiedliche Aspekte derselben Sache?

Diese Frage tut etwas Wichtiges: Sie verschiebt den Blick von „Wer hat recht?" zu „Was sehen wir jeweils, das der andere nicht sieht?"

Im konkreten Fall hätte das bedeuten können: Die Zahlen zeigen, dass das Projekt nach allen bisherigen Maßstäben auf Kurs ist. Das Unbehagen bezieht sich auf etwas anderes — vielleicht eine Veränderung in der Zusammenarbeit mit einem externen Partner, eine Verschiebung in der Stimmung eines Teams, eine Entwicklung, die noch zu neu ist, um sich in den bisherigen Kennzahlen niederzuschlagen.

Beides kann gleichzeitig wahr sein. Das Projekt war, nach den verfügbaren Daten, auf Kurs — und gleichzeitig begann sich etwas zu verändern, das diese Daten noch nicht erfassten. Das ist kein Widerspruch. Es ist eine vollständigere Beschreibung der Lage, als jede der beiden Perspektiven für sich liefern könnte.

Die eigentliche Arbeit in einem solchen Moment besteht nicht darin, den Konflikt zu beenden. Sie besteht darin, ihn lange genug offen zu halten, um beide Informationen tatsächlich zu hören — bevor irgendjemand beginnt, eine davon zu verteidigen oder aufzugeben.

Die Risiken der Konfliktfreiheit

Es gibt eine Beobachtung, die zunächst paradox wirkt, sich aber bei genauerem Hinsehen als sehr konsistent mit allem zeigt, was bisher in diesem Buch entwickelt wurde: Teams, in denen solche Spannungen selten auftreten, sind nicht notwendigerweise besser informiert. Manchmal ist das Gegenteil der Fall.

Wenn eine Gruppe von Menschen über die Zeit überwiegend ähnlich „gebaut" ist — überwiegend analytisch, oder überwiegend schnell entscheidend, oder überwiegend harmonieorientiert —, treten Konflikte der zweiten Art seltener auf. Nicht, weil die Wirklichkeit weniger komplex wäre. Sondern weil die unterschiedlichen „Sensoren", die nötig wären, um diese Komplexität überhaupt wahrzunehmen, im Team schlicht seltener vertreten sind.

Ein Team, das ausschließlich aus Menschen besteht, die wie die erste Person in der Sitzung denken — analytisch, datenorientiert, strukturiert —, hätte in der beschriebenen Situation möglicherweise gar kein Unbehagen registriert. Nicht, weil das Unbehagen unberechtigt gewesen wäre, sondern weil niemand im Raum die Art von Wahrnehmung mitgebracht hätte, die es hätte registrieren können.

Aus der Außenperspektive würde ein solches Team wirken, als hätte es „weniger Probleme". Es gäbe weniger Spannungen, weniger Reibung, mehr scheinbare Einigkeit. Was tatsächlich fehlen würde, wäre eine ganze Kategorie von Information — eine, die in diesem Buch als Sensitivität bezeichnet wurde, und die genau in solchen Momenten ihren Wert zeigt, in denen sich etwas verändert, bevor es messbar wird.

Konfliktfreiheit ist, mit anderen Worten, kein verlässliches Zeichen für gute Informationslage. Manchmal ist sie ein Zeichen dafür, dass eine bestimmte Art von Information im Raum systematisch fehlt — weil niemand da ist, der sie einbringen könnte.

Wenn der Konflikt laut wird

Die Sitzung, von der dieses Kapitel ausgeht, war leise. Die Spannung blieb unter der Oberfläche, das Unbehagen wurde knapp formuliert, die Defensive zeigte sich in Tonlagen, nicht in Worten. Das ist eine Form, in der Konflikte der zweiten Art häufig auftreten — und gerade ihre Unauffälligkeit macht sie leicht übersehbar.

Es gibt aber auch die andere Form: laut, direkt, mit erhobener Stimme oder zumindest mit einer Schärfe, die im Raum spürbar ist. Eine Quartalsrunde, in der die Zahlen einer Region deutlich hinter Plan liegen. Die Regionalleitung erklärt die Abweichung mit externen Faktoren — einem Wettbewerber, der aggressiv Preise senkt, einer Marktverschiebung, die niemand vorhersehen konnte. Die Geschäftsführung hört das nicht zum ersten Mal und reagiert ungeduldig: Das klinge nach Ausreden. Andere Regionen hätten unter denselben Bedingungen geliefert.

Was folgt, ist ein Schlagabtausch. Zahlen gegen Zahlen, Argument gegen Argument, beide Seiten zunehmend lauter, beide zunehmend überzeugt, dass die andere Seite etwas nicht verstehen will. Am Ende steht eine Auflage: Die Region muss in drei Monaten liefern, ohne Wenn und Aber.

Auch hier lässt sich, im Rückblick, eine Verteilung der vier Quellen erkennen — nur in lauterer Form. Die Geschäftsführung argumentierte vor allem aus Verstand und Erfahrung: Muster aus anderen Regionen, Vergleichszahlen, eine Logik, die in der Vergangenheit oft zutreffend war.

Die Regionalleitung argumentierte ebenfalls mit Zahlen — aber zusätzlich aus etwas, das sich in der Sitzung nicht in Zahlen übersetzen ließ: einer Sensitivität für die Stimmung im eigenen Markt, für eine Verschiebung im Verhalten von Kunden, die sich erst in den kommenden Monaten in den Zahlen zeigen würde, zum Zeitpunkt der Sitzung aber bereits spürbar war — in Gesprächen, in Tonlagen, in dem, was Kunden nicht mehr sagten, was sie früher gesagt hatten.

Der Unterschied zur ersten Sitzung dieses Kapitels liegt nicht in der Struktur des Konflikts. Er liegt in der Lautstärke — und Lautstärke verändert, was möglich ist. In der leisen Sitzung hätte eine einzige zusätzliche Frage gereicht, um die zweite Information sichtbar zu machen. In der lauten Sitzung ist dieselbe Frage viel schwerer zu stellen — nicht, weil sie weniger wichtig wäre, sondern weil eine Pause, ein „Was nehmt ihr beide jeweils wahr?“, in einem Moment der Eskalation wie ein Eingeständnis von Führungslosigkeit wirken kann. Schnell wirkt in diesem Moment wie Stärke. Eine offene Frage wirkt wie Zögern.

Und doch ist die Information, die in der lauten Auseinandersetzung steckt, dieselbe wie in der leisen: zwei reale Ausschnitte derselben Wirklichkeit, die zusammen mehr ergeben als jeder für sich. Die Vergleichszahlen aus anderen Regionen waren real. Und die Marktverschiebung, die sich noch nicht in den Zahlen zeigte, war ebenfalls real — und zeigte sich, ein Quartal später, exakt dort, wo die Regionalleitung sie angedeutet hatte, ohne dass jemand zugehört hätte.

Was diese zweite Szene zeigt, ist eine Erweiterung des Bildes aus diesem Kapitel: Konflikte als Informationsquelle zu behandeln bedeutet nicht nur, eine leise Stimme nicht zu übergehen. Es bedeutet auch, in einem lauten Schlagabtausch zu erkennen, dass beide Seiten — trotz, oder gerade wegen ihrer Lautstärke — etwas Reales transportieren, das in der Schärfe der Auseinandersetzung gerade deshalb verloren geht, weil beide Seiten beweisen wollen, dass die andere falschliegt, statt zu zeigen, was sie jeweils sehen.

Was das für die Rolle der Führung bedeutet

Aus dieser Perspektive verändert sich, was von einer Führungsrolle in solchen Momenten erwartet werden kann.

Die naheliegende Erwartung lautet: Führung soll Konflikte lösen — möglichst schnell, möglichst zur Zufriedenheit aller. Bei Konflikten der ersten Art, den echten Interessengegensätzen, ist das auch oft angemessen.

Bei Konflikten der zweiten Art — unterschiedliche Wahrnehmungen derselben Situation — verändert sich die Aufgabe. Sie besteht nicht darin, eine der beiden Wahrnehmungen zum Sieger zu erklären. Sie besteht darin, beide so lange im Raum zu halten, dass sich zeigen kann, wie sie zusammen ein vollständigeres Bild ergeben als jede für sich.

Das verlangt etwas, das in vielen Organisationen ungewohnt ist: eine Toleranz für den Zustand, in dem ein Konflikt noch nicht aufgelöst ist — nicht aus Unentschlossenheit, sondern weil die Auflösung selbst noch nicht das Ziel ist. Das Ziel ist zunächst, zu verstehen, was beide Seiten jeweils sehen.

In der Sitzung von eben hätte das bedeutet, nicht zu fragen „Machen wir weiter oder nicht?“ — sondern: „Was genau nimmst du wahr, das sich von dem unterscheidet, was die Zahlen zeigen — und können wir das, ohne es sofort zu bewerten, etwas konkreter beschreiben?“

Diese Frage löst den Konflikt nicht auf. Sie verändert seine Funktion — von einer Spannung, die beendet werden muss, zu einer Quelle, aus der noch etwas zu holen ist.

Was als Nächstes folgt

In diesem Kapitel ging es darum, einen Konflikt offen zu halten, lange genug, um aus ihm zu lernen. Das ist, für sich genommen, schon unangenehm — die meisten Menschen empfinden eine ungelöste Spannung als etwas, das beendet werden sollte, je früher, desto besser.

Aber Konflikte sind nicht die einzige Form von Unsicherheit, die sich so anfühlt. Es gibt einen größeren, allgemeineren Zustand, von dem Konflikte nur eine Erscheinungsform sind: das Gefühl, dass etwas noch nicht klar ist, noch nicht entschieden, noch nicht aufgelöst — und dass dieser Zustand selbst unangenehm ist, unabhängig davon, worum es im Einzelnen geht.

Was passiert mit diesem allgemeinen Unbehagen? Wie gehen Menschen typischerweise damit um — und was würde es bedeuten, anders mit ihm umzugehen? Das ist die Frage, der sich das nächste Kapitel zuwendet.

Konflikt entsteht nicht zwingend aus Widerstand. Oft entsteht er aus zwei verschiedenen, beide zutreffenden Ausschnitten derselben Wirklichkeit — die noch niemand zusammengesetzt hat.

Rastplatz

Denk an einen wiederkehrenden Konflikt in deinem Team oder Umfeld — eine Spannung, die immer wieder auftaucht, ohne dass sie sich klar lösen lässt.

Welche Information könnte darin stecken, die bisher noch nicht gehört wurde — unabhängig davon, wie sie vorgetragen wurde?

Kapitel 14
Die Kunst, Unsicherheit auszuhalten

Nach der Sitzung, von der im vorherigen Kapitel die Rede war, blieb etwas zurück.

Nicht bei allen gleich. Für manche war das Thema mit der Entscheidung erledigt — die Empfehlung war angenommen, das Projekt lief weiter, der nächste Tagesordnungspunkt wartete. Für andere blieb ein leiser Nachhall: die Spannung zwischen den beiden Positionen, das Unbehagen, das ausgesprochen, aber nicht aufgelöst worden war.

Eine Person aus dieser Runde berichtete später von einem bestimmten Gefühl in den Tagen danach. Nicht Sorge im eigentlichen Sinn — eher eine Art von Unruhe, die sich nicht greifen ließ. Ein Gedanke, der immer wieder zurückkehrte, ohne dass er zu etwas führte: Vielleicht hätten wir noch genauer hinschauen sollen. Vielleicht stimmt etwas nicht.

Und dann, fast automatisch, kam etwas anderes: der Impuls, etwas zu tun. Eine zusätzliche Nachfrage zu stellen. Ein zusätzliches Update einzuholen. Etwas — irgendetwas —, das dieses Gefühl beenden würde.

Genau an diesem Punkt beginnt dieses Kapitel. Nicht bei der Unsicherheit selbst — die war bereits Thema von Kapitel 3. Sondern bei dem, was Menschen tun, wenn sie Unsicherheit *fühlen*. Bei der Bewegung, die fast automatisch einsetzt, um dieses Gefühl zu beenden — und bei der Frage, was passieren würde, wenn diese Bewegung einen Moment später käme.

Der Unterschied zwischen Erkennen und Aushalten

Kapitel 3 hat eine kognitive Erkenntnis geliefert: Gewissheit kommt oft nicht, und das ist keine Ausnahme, sondern die Grundbedingung, unter der entschieden wird. Diese Erkenntnis lässt sich verstehen, nachvollziehen, sogar in einem Gespräch überzeugend vertreten.

Aber zwischen „das verstehen" und „damit leben" liegt ein Unterschied, der sich nicht durch weiteres Verstehen schließen lässt. Die Person aus der Sitzung von eben hatte die Erkenntnisse der vorherigen Kapitel nicht vergessen. Sie wusste genau, dass Restunsicherheit normal ist, dass nicht jede offene Frage geklärt werden muss, dass ein gewisses Maß an „wir wissen es nicht genau" zu jeder Entscheidung gehört.

Und trotzdem war da dieses Gefühl. Trotzdem kam der Impuls, etwas zu tun.

Das zeigt etwas Wichtiges: Unsicherheit ist nicht nur eine Information, die verarbeitet wird. Sie ist auch ein Zustand, der sich anfühlt — und dieser Zustand will etwas. Er will, dass er aufhört. Dieses Wollen ist nicht denselben Regeln unterworfen wie das Verstehen. Man kann die Theorie vollständig akzeptiert haben und trotzdem, im Moment, von diesem Wollen erfasst werden.

Dieses Kapitel handelt nicht davon, die Theorie noch besser zu verstehen. Es handelt davon, was in diesem Moment passiert — und ob es möglich ist, in ihm einen winzigen Spalt zu öffnen.

Sechs vertraute Bewegungen

Wenn man genau hinschaut, was Menschen tun, wenn das Gefühl von Unsicherheit auftaucht und nicht sofort verschwindet, lassen sich einige Muster wiederfinden — Bewegungen, die fast jeder kennt, bei sich selbst oder bei anderen.

Die erste Bewegung ist die schnelle Entscheidung. Eine offene Frage wird beantwortet — nicht, weil die Antwort jetzt klarer wäre, sondern weil eine Antwort, irgendeine, das Gefühl beendet, noch in der Schwebe zu sein.

Die zweite ist Kontrolle — bereits in Kapitel 12 beschrieben: mehr Nachfragen, mehr Berichte, mehr Absicherung, nicht weil neue Information gebraucht wird, sondern weil das Gefühl, die Lage „im Griff" zu haben, das Unbehagen lindert.

Die dritte ist Perfektionismus: ein endloses Nachjustieren an etwas, das im Grunde fertig ist — eine Präsentation, ein Konzept, eine Formulierung —, weil das Weiterarbeiten sich konkreter und sicherer anfühlt als der nächste Schritt, der eigentlich folgen müsste.

Die vierte ist Aktionismus: Bewegung um der Bewegung willen. Etwas tun, irgendetwas, solange es sich nach Fortschritt anfühlt — auch wenn die Richtung noch unklar ist. „Wenigstens passiert etwas“ wirkt beruhigender als Stillstand, selbst wenn der Stillstand gerade angemessener wäre.

Die fünfte ist Rückzug: sich aus einer Situation zurückziehen, in der Unsicherheit am stärksten spürbar ist — ein Thema nicht weiter verfolgen, eine Entscheidung an jemand anderen abgeben, ohne es offen so zu benennen.

Und die sechste — bereits in Kapitel 13 in einer anderen Form beschrieben — ist Konfliktvermeidung: eine Spannung, die Unsicherheit über Wahrnehmungen sichtbar macht, möglichst schnell zu beenden, bevor sie sich entfalten kann.

Warum diese Bewegungen keine Fehler sind

An dieser Stelle ist eine Klarstellung notwendig, die für den Rest dieses Kapitels trägt.

Jede dieser sechs Bewegungen war, irgendwann, eine gute Antwort. Schnelles Entscheiden hat in zahllosen Situationen funktioniert, in denen Zögern teurer gewesen wäre als ein zügiges „jetzt machen wir es so“. Kontrolle hat Risiken verhindert, die real waren. Perfektionismus hat aus gutem Material sehr gutes Material gemacht. Aktionismus hat Stillstand durchbrochen, der sich sonst zu lange gehalten hätte. Rückzug hat manchmal genau die Energie gespart, die später woanders gebraucht wurde. Und Konfliktvermeidung hat unzählige Situationen entschärft, in denen eine Auseinandersetzung tatsächlich nichts gebracht hätte.

Mit anderen Worten: Diese sechs Bewegungen sind keine Charakterschwächen, die es zu beseitigen gilt. Sie sind erlernte, vielfach bewährte Reaktionen — genau wie „Ich muss durchhalten" aus Kapitel 1, genau wie „wenn etwas unklar ist, kläre es weiter" aus Kapitel 2. Jede von ihnen war, in ihrem ursprünglichen Kontext, eine kluge Antwort.

Was sich verändert hat — und das ist die Brücke zu allem, was in diesem Buch vorausgegangen ist —, ist nicht die Bewegung selbst. Es ist ihre Geschwindigkeit. Diese Bewegungen sind, über viele Wiederholungen, schneller geworden als die Wahrnehmung, die ihnen vorausgehen sollte. Sie laufen nicht mehr *als Reaktion auf* eine geprüfte Situation. Sie laufen *anstelle* der Prüfung.

Eine Woche, sechs Bewegungen

Um die sechs Bewegungen greifbarer zu machen, lohnt sich ein Blick darauf, wie sie sich nicht nacheinander, sondern *gleichzeitig*, in derselben Situation, bei verschiedenen Menschen zeigen können.

Eine Organisation steht vor einer Umstrukturierung. Die Entscheidung ist gefallen, die Eckpunkte sind kommuniziert, aber vieles ist noch offen: Wer übernimmt welche Rolle, welche Teams werden zusammengelegt, wie sieht die neue Berichtslinie aus. Für die folgenden Wochen ist Unsicherheit nicht die Ausnahme — sie ist der Normalzustand, für praktisch jeden in der Organisation.

In dieser einen Woche lassen sich alle sechs Bewegungen beobachten, verteilt auf verschiedene Personen, manchmal auch nacheinander bei derselben Person.

Eine Führungskraft trifft, drei Tage nach der Ankündigung, bereits eine Entscheidung über die neue Teamstruktur — obwohl die übergeordnete Struktur noch nicht final steht. Die Begründung: „Wir müssen den Leuten doch irgendetwas sagen können." Das ist die schnelle Entscheidung — verständlich, menschlich, und möglicherweise teuer, falls sich die übergeordnete Struktur in zwei Wochen noch einmal verändert und die gerade getroffene Entscheidung wieder revidiert werden muss.

Eine andere Führungskraft beginnt, für ihren Bereich engmaschige tägliche Status-Calls einzuführen — „damit wir den Überblick behalten, bis sich alles geklärt hat". Das ist Kontrolle. Die Calls liefern, in den ersten Tagen, kaum neue Information — die Lage ändert sich nicht stündlich. Was sie liefern, ist ein Gefühl von Struktur in einer Phase, die sich strukturlos anfühlt.

Eine dritte Person — zuständig für die interne Kommunikation der Umstrukturierung — überarbeitet eine Präsentation, die bereits zweimal abgestimmt wurde, ein weiteres Mal. Neue Formulierungen, neue

Grafiken, eine noch klarere Struktur. Die Präsentation war bereits gut. Das ist Perfektionismus — eine Aufgabe, die sich kontrollierbar anfühlt, wird verlängert, während die eigentlich nächste, unangenehmere Aufgabe — ein schwieriges Gespräch mit einem Teammitglied, dessen Rolle sich verändert — noch nicht begonnen wurde.

Ein viertes Team beginnt, in dieser Woche mit ungewöhnlich viel Energie an mehreren kleinen Projekten gleichzeitig zu arbeiten — Projekte, die eigentlich keine Priorität hatten, aber jetzt plötzlich vorangetrieben werden. Aktionismus: Bewegung, die sich nach Fortschritt anfühlt, in einer Situation, in der die eigentlich relevante Frage — wie sieht unsere Rolle in der neuen Struktur aus — noch nicht geklärt ist und sich durch diese Projekte auch nicht klärt.

Eine fünfte Person, deren Position von der Umstrukturierung direkt betroffen ist, wird in dieser Woche auffällig still in Besprechungen — meldet sich seltener, bringt weniger ein, wirkt zurückgezogen. Niemand spricht das an, weil es sich nicht wie ein Problem anfühlt, sondern wie eine ruhige Phase. Das ist Rückzug — eine Art, mit der eigenen Unsicherheit über die eigene Zukunft umzugehen, indem die eigene Präsenz reduziert wird, lange bevor irgendetwas formal entschieden ist.

Und in einer Runde, in der zwei Abteilungsleiter unterschiedliche Vorstellungen davon haben, wie eine gemeinsame Schnittstelle in der neuen Struktur aussehen soll, wird das Thema am Ende der Sitzung mit den Worten vertagt: „Lass uns das klären, wenn mehr Klarheit da ist.“ Konfliktvermeidung — eine Spannung, die tatsächlich etwas über die neue Struktur aussagen könnte, wird beendet, bevor sie etwas zeigen kann.

Was an dieser einen Woche auffällt, ist nicht, dass sechs verschiedene Menschen sechs verschiedene „Fehler“ gemacht hätten. Es ist, dass dieselbe zugrunde liegende Unsicherheit — eine Situation, die noch nicht geklärt ist und die sich für jeden Einzelnen unangenehm anfühlt — sich in sechs verschiedenen, jeweils plausiblen, jeweils nachvollziehbaren Bewegungen entladen hat. Jede dieser Bewegungen hätte, isoliert betrachtet, gute Gründe für sich. Zusammen betrachtet zeigen sie etwas anderes: eine Organisation, in der Unsicherheit nicht gehalten, sondern in sechs verschiedene Richtungen abgeleitet wurde — bevor irgendjemand gefragt hat, was diese Unsicherheit eigentlich zu sagen hatte.

Der Zwischenraum

Es gibt einen Moment, der zwischen dem Auftreten von Unsicherheit und einer dieser sechs Bewegungen liegt — auch wenn dieser Moment, bei den meisten Menschen, in den meisten Situationen, kaum messbar kurz ist. Ein Wimpernschlag, vielleicht weniger.

In diesem Moment ist die Unsicherheit bereits da — das Gefühl, dass etwas offen ist, ungeklärt, unangenehm. Und die Bewegung — die schnelle

Entscheidung, die zusätzliche Kontrolle, der nächste Arbeitsschritt, die Geste der Versöhnung — ist noch nicht ausgeführt.

Dieser Moment ist die Lücke, um die es in diesem Kapitel geht.

Die Lücke zu vergrößern bedeutet nicht, die Unsicherheit zu beseitigen — das war nie das Ziel, und Kapitel 3 hat gezeigt, warum das auch nicht möglich wäre. Es bedeutet auch nicht, die sechs Bewegungen grundsätzlich zu unterlassen — manche von ihnen werden, nach der Lücke, immer noch die richtige Reaktion sein.

Was sich verändert, ist etwas anderes: In dieser Lücke wird, für einen Moment, Raum für die Frage, die in Kapitel 11 bereits eine Rolle spielte — *Ist da etwas, das ich gerade übergehe?* Diese Frage kann nur in der Lücke gestellt werden. Sobald eine der sechs Bewegungen läuft, ist sie bereits vorbei.

Was die Forschung über diese Lücke sagt

Es gibt einen Forschungszweig, der sich mit genau dieser Fähigkeit beschäftigt — der Fähigkeit, innere Signale wahrzunehmen, ohne sofort auf sie zu reagieren. In Kapitel 7 war von Interozeption die Rede: der Wahrnehmung innerer Körpersignale. Was dort als Grundlage für das Lesen von „Warnlampen“ beschrieben wurde, hat hier eine zweite, verwandte Funktion.

Untersuchungen zu interozeptivem Training zeigen: Diese Fähigkeit — ein unangenehmes inneres Signal zu registrieren, ohne sofort in eine Reaktion zu gehen — lässt sich entwickeln. Nicht über Nacht, und nicht durch eine einzelne Übung. Kurzfristige, einmalige Interventionen zeigen in der Forschung kaum Wirkung. Was Wirkung zeigt, ist wiederholte Praxis über Zeit.

Das passt zu allem, was bisher in diesem Buch über Veränderung gesagt wurde. Die sechs Bewegungen sind nicht über Nacht entstanden — sie haben sich über Jahre eingeschliffen, durch Wiederholung, durch Bestätigung. Die Lücke wird nicht über Nacht größer. Aber sie ist, im Unterschied zu vielem, was sich unveränderlich anfühlt, tatsächlich beeinflussbar — Stück für Stück, durch genau die Art von Aufmerksamkeit, die in den vorherigen Kapiteln bereits geübt wurde: das Bemerken eines Signals, ohne es sofort zu deuten oder zu beseitigen.

Ein Bild aus der Führungsliteratur

Es gibt einen Begriff aus der Forschung zu Führung in komplexen, sich verändernden Situationen, der für diese Lücke eine treffende Beschreibung liefert: die Praxis der Selbstverankerung — die Fähigkeit, in einer angespannten Situation präsent zu bleiben, ohne von ihr „mitgerissen“ zu werden.

Diese Beschreibung enthält eine wichtige Doppelung. Sie beschreibt zwei Arten von Versagen, die beide vorkommen können: Wer eine schwierige Situation für gefährlicher hält, als sie ist, zieht sich zu früh zurück — eine Form von Bewegung fünf, Rückzug. Wer sie unterschätzt, riskiert, von ihr überwältigt zu werden — was sich oft als übermäßiger Aktionismus zeigt, Bewegung vier.

Zwischen diesen beiden liegt ein schmaler Bereich: präsent bleiben, ohne sofort zu reagieren, und ohne sich zu entziehen. Genau das ist die Lücke, in einer anderen Sprache.

Wie sich das im Alltag zeigt

Im konkreten Fall der Person aus der Sitzung — mit dem Nachhall, der Unruhe, dem Impuls, etwas zu tun — könnte diese Lücke sich folgendermaßen zeigen.

Der Impuls kommt: noch eine Nachfrage stellen, ein zusätzliches Update einholen. In der Lücke — bevor diese Nachfrage formuliert wird — entsteht ein kurzer Moment der Innenschau: Was genau ist da? Ist es eine konkrete Frage, auf die eine Antwort tatsächlich noch fehlt? Oder ist es das allgemeine Gefühl, dass etwas offen ist — ein Gefühl, das durch eine zusätzliche Nachfrage zwar kurzfristig gelindert würde, aber nicht, weil die Nachfrage etwas klärt, sondern weil sie das Gefühl von „ich tue etwas“ erzeugt?

Diese kurze Innenschau verändert nicht zwangsläufig die Handlung. Vielleicht wird die Nachfrage trotzdem gestellt — aber jetzt aus einer anderen Position: nicht, um das eigene Unbehagen zu beruhigen, sondern weil tatsächlich eine konkrete Frage offen ist. Oder die Nachfrage wird nicht gestellt — weil in der Lücke deutlich wurde, dass sie nichts klären würde, sondern nur Zeit gewinnen.

Der Unterschied liegt nicht primär im „Was". Er liegt im „Warum" — und dieses „Warum" ist nur in der Lücke zugänglich.

Was als Nächstes folgt

Mit der Lücke ist etwas beschrieben, das sich anhört wie ein Zustand des Wartens — ein Innehalten, ein Aufschub der Reaktion. Das könnte den Eindruck erwecken, dieses Buch münde am Ende in eine Aufforderung zur Passivität: Halte alles aus, handle nicht vorschnell, bleib in der Lücke.

Das wäre eine fundamentale Fehllesung. Die Lücke ist kein Ziel. Sie ist ein Durchgang. Irgendwann — manchmal nach Sekunden, manchmal nach Tagen — muss gehandelt werden. Eine Entscheidung muss fallen. Ein Risiko muss eingegangen werden.

Was sich durch die Lücke verändert, ist nicht, *ob* gehandelt wird, sondern *von wo aus*. Und genau das ist das Thema des nächsten Kapitels: der Moment, in dem aus der Lücke heraus tatsächlich etwas getan wird — und was diesen Moment von den sechs vertrauten Bewegungen unterscheidet, die ihn sonst ersetzt hätten.

Das größte Problem mit Unsicherheit ist nicht, dass wir sie spüren. Das größte Problem ist, wie schnell wir etwas tun, um sie nicht mehr zu spüren.

Rastplatz

Welche der sechs Bewegungen — schnelle Entscheidung, Kontrolle, Perfektionismus, Aktionismus, Rückzug, Konfliktvermeidung — ist deine wahrscheinlichste Reaktion auf ein Gefühl von Unsicherheit?

Wann hast du sie zuletzt bei dir bemerkt — und wie lang war der Moment dazwischen, bevor du ihr gefolgt bist?

Kapitel 15
Risiko, Mut und innere Klarheit

Die Lücke aus dem vorherigen Kapitel hat ein Ende.

Nicht, weil die Unsicherheit verschwindet — das war nie zu erwarten. Sondern weil ein Moment kommt, an dem etwas geschehen muss. Eine Entscheidung wird fällig. Ein Schritt steht an, der nicht mehr aufgeschoben werden kann, ohne dass das Aufschieben selbst zur Entscheidung wird.

Und genau hier taucht ein Wort auf, das in den vorherigen Kapiteln bewusst vermieden wurde, weil es zu früh gekommen wäre: Mut.

Das Wort ist riskant. Es trägt, in vielen Kontexten, einen Beiklang von Heldentum — der große Schritt, das Risiko, das sich am Ende als richtig erweist, die Geschichte, die im Rückblick erzählt wird. Dieser Beiklang passt nicht zu dem, was in diesem Buch bisher entwickelt wurde. Wenn Mut hier eine Rolle spielen soll, dann nicht als große Geste, sondern als etwas viel Kleineres — und gerade deshalb Tragfähigeres.

Was Mut nicht ist

Es gibt eine verbreitete Vorstellung von Mut, die sich gut erzählen lässt, aber wenig erklärt: Mut als das Fehlen von Angst. Der Mutige, in dieser Vorstellung, ist jemand, der keine Furcht empfindet, während andere zögern.

Diese Vorstellung hält einer genaueren Betrachtung nicht stand — und sie passt auch nicht zu dem, was in den vorherigen Kapiteln über Unsicherheit gesagt wurde. Wenn Unsicherheit nicht beseitigt werden kann, sondern Teil jeder bedeutsamen Entscheidung bleibt, dann kann Mut nicht bedeuten, diese Unsicherheit nicht mehr zu spüren. Wer in einer Entscheidungssituation gar nichts mehr spürt — kein Unbehagen, keine Zweifel, keine Sorge —, hat möglicherweise nicht mehr Mut. Möglicherweise hat diese Person, im Sinne von Kapitel 5, schlicht den Kontakt zu jenem Hintergrundzustand verloren, der jede Entscheidung eigentlich begleitet.

Es gibt eine zweite, ebenfalls verbreitete Vorstellung: Mut als Gegenteil von Vorsicht — der Mutige als jemand, der Risiken eingeht, die Vorsichtige vermeiden würden. Auch diese Vorstellung greift zu kurz. Sie würde bedeuten, dass jemand, der ein Risiko eingeht, das sich später als falsch herausstellt, im Nachhinein als „nicht mutig genug“ oder „leichtsinnig“ gelten müsste — je nachdem, wie es ausgeht. Aber das Ergebnis einer Entscheidung sagt, wie in Kapitel 11 bereits festgehalten, wenig darüber aus, ob die Entscheidung selbst gut war.

Eine andere Definition

Was wäre, wenn Mut etwas anderes ist — nicht das Fehlen von Unsicherheit, sondern eine bestimmte Art, mit ihr umzugehen, im genauen Moment, in dem die Lücke aus Kapitel 14 sich schließt?

Hier lässt sich eine Definition vorschlagen, die mit allem zusammenpasst, was in diesem Buch bisher entwickelt wurde: Mut ist die Fähigkeit, die Lücke lange genug auszuhalten, bis genug Information da ist — und dann zu handeln, trotz der Information, die fehlt.

Diese Definition hat zwei Teile, und beide sind notwendig.

Der erste Teil — die Lücke lange genug aushalten — ist das, was im vorherigen Kapitel beschrieben wurde. Nicht in eine der sechs vertrauten Bewegungen zu fliehen, sobald Unsicherheit auftaucht. Das allein ist schon eine Form von Mut — eine sehr stille, die niemand von außen bemerkt, weil sie sich als Nicht-Handeln zeigt.

Der zweite Teil — dann handeln, trotz fehlender Information — ist das, was diese Lücke von bloßem Verweilen unterscheidet. Eine Lücke, die niemals endet, ist keine Lücke mehr. Sie wird zu Bewegung fünf aus dem vorherigen Kapitel: Rückzug, getarnt als Besonnenheit. Mut bedeutet nicht, in der Lücke zu bleiben. Es bedeutet, aus ihr heraus zu handeln — zu einem Zeitpunkt, der von der Lücke selbst bestimmt wird, nicht von der Ungeduld, sie zu verlassen.

Risiko ist keine Zahl

Im Sprachgebrauch von Unternehmen wird Risiko oft behandelt, als wäre es im Grunde eine Zahl: eine Eintrittswahrscheinlichkeit, multipliziert mit einer möglichen Schadenshöhe. Diese Betrachtungsweise ist nicht falsch

— für viele Zwecke ist sie sogar unverzichtbar. Aber sie erfasst nicht alles, was in einer konkreten Entscheidungssituation tatsächlich „Risiko" ausmacht.

Zwei Menschen können vor derselben Entscheidung stehen, mit denselben Zahlen, demselben errechneten Risiko — und die Entscheidung fühlt sich für sie völlig unterschiedlich an. Für den einen ist sie eine Routineangelegenheit. Für den anderen fühlt sie sich an, als stünde viel mehr auf dem Spiel, als die Zahlen ausdrücken.

Diese zweite Dimension von Risiko — die gefühlte, nicht die berechnete — hat oft wenig mit der Sache selbst zu tun und viel mit dem, was in Kapitel 6 als Bauweise beschrieben wurde. Für jemanden, dessen System auf Stabilität und Kontinuität ausgerichtet ist, kann eine Veränderung, die objektiv klein ist, sich riskant anfühlen — nicht, weil die Zahlen das nahelegen, sondern weil Veränderung selbst, unabhängig von ihrem Ausmaß, für dieses System eine andere Bedeutung hat als für ein anderes.

Das bedeutet nicht, dass diese gefühlte Dimension „falsch" wäre und ignoriert werden sollte. Sie ist eine der vier Informationsquellen aus Kapitel 10 — meist Körper oder Emotion. Aber sie sollte auch nicht mit dem berechneten Risiko verwechselt werden. Beides sind unterschiedliche, beide reale Informationen — genau wie in Kapitel 13 bei den zwei Ausschnitten derselben Wirklichkeit.

Eine Standortentscheidung

Ein Beispiel macht greifbar, wie sich die beiden Teile der Definition — die Lücke aushalten, und dann handeln — in einer realen Situation zueinander verhalten.

Ein Unternehmen prüft, einen neuen Standort zu eröffnen — eine Investition, die sich über Jahre amortisieren soll, mit Konsequenzen für Personal, Logistik, Kundenbeziehungen. Die Analyse läuft mehrere Monate. Marktdaten, Wettbewerbsanalysen, Kostenschätzungen, Szenarien für unterschiedliche Entwicklungen. Am Ende liegt ein Bild vor, das für den Standort spricht — nicht eindeutig, aber deutlich.

Und dann beginnt die Lücke. Es gibt noch offene Fragen: Wie wird sich die Konkurrenz in diesem Markt in den nächsten zwei Jahren entwickeln? Wird sich eine bestimmte regulatorische Änderung, die diskutiert wird, aber noch nicht beschlossen ist, tatsächlich so auswirken wie angenommen? Wird das lokale Team, das noch aufgebaut werden muss, die Qualität erreichen, die an anderen Standorten selbstverständlich ist?

Keine dieser Fragen lässt sich in den nächsten Wochen beantworten. Manche lassen sich überhaupt nicht beantworten, bevor die Entscheidung getroffen ist — die Frage nach dem Team etwa kann erst beantwortet werden, *nachdem* der Standort existiert.

In dieser Phase zeigt sich der erste Teil von Mut: Die Lücke wird nicht vorzeitig geschlossen. Es gibt, in den Wochen nach Abschluss der Analyse, durchaus Versuchungen dazu. Eine schnelle Entscheidung — „wir haben genug geprüft, lass uns das jetzt einfach machen“ — würde das Unbehagen beenden, das mit den offenen Fragen verbunden ist. Eine weitere Analyserunde — „lass uns noch ein Szenario rechnen, für den Fall, dass die Regulierung sich ändert“ — würde ebenfalls dieses Unbehagen lindern, ohne die zugrunde liegende Unsicherheit zu verändern: Eine Regulierung, die noch nicht beschlossen ist, lässt sich nicht durch eine zusätzliche Tabelle vorhersagbarer machen.

Was in diesem Fall tatsächlich geschah, war etwas anderes: Die Lücke wurde bewusst offengehalten — nicht durch Untätigkeit, sondern durch eine andere Art von Aktivität. Es wurden Gespräche geführt, die nicht primär der Informationsgewinnung dienten, sondern der Wahrnehmung: Gespräche mit Menschen, die den Markt aus der Praxis kannten, nicht nur aus Berichten. Eine Reise an den potenziellen Standort, bei der nicht in erster Linie weitere Zahlen erhoben wurden, sondern ein Gefühl für die Lage entstehen konnte — eine Mischung aus Intuition und Sensitivität, die sich nicht in der ursprünglichen Analyse wiederfand, weil sie sich nicht in eine Tabelle eintragen lässt.

Diese Phase dauerte länger, als manche in der Organisation für nötig hielten. Es gab Stimmen, die auf eine schnellere Entscheidung drängten —

nicht aus Ungeduld im negativen Sinne, sondern aus dem ehrlichen Gefühl, dass „wir doch alles wissen, was wir wissen können“.

Und dann kam der zweite Teil: der Moment, an dem die Entscheidung fiel — nicht, weil plötzlich neue Information eine der offenen Fragen beantwortet hätte, sondern weil ein Punkt erreicht war, an dem das Warten selbst beginnen würde, etwas zu kosten. Der Markt bewegte sich; ein Zögern hätte begonnen, die ursprünglich gute Ausgangsposition zu verschlechtern.

Die Entscheidung fiel mit allen offenen Fragen, die zu Beginn der Lücke bestanden hatten — noch immer offen. Was sich verändert hatte, war nicht die Menge an Information, sondern etwas anderes: ein Gefühl, mit dem entschieden wurde, das sich von dem Gefühl am Ende der ursprünglichen Analyse unterschied. Nicht „sicherer“ im Sinne von mehr Gewissheit über den Ausgang — sondern vollständiger im Sinne der Klarheit, die im nächsten Abschnitt genauer beschrieben wird: das Gefühl, dass das, was zu hören war, gehört worden war, bevor gehandelt wurde.

Der Standort wurde eröffnet. Eine der offenen Fragen — die regulatorische Änderung — trat tatsächlich ein, und zwar in einer Form, die ungünstiger war als das beste Szenario der ursprünglichen Analyse. Eine andere — die Frage nach dem lokalen Team — entwickelte sich deutlich besser als erwartet, auch aufgrund von Kontakten, die während der „Lücken-Phase“

entstanden waren und in der ursprünglichen Analyse gar nicht vorgesehen gewesen waren.

Im Rückblick lässt sich nicht sagen, die Entscheidung sei „richtig“ gewesen, im Sinne von: alles ist so gekommen wie erwartet. Vieles kam anders. Was sich aber sagen lässt: Die Entscheidung wurde mit mehr von dem getroffen, was zur Verfügung stand, als es eine reine Fortsetzung der ursprünglichen Analyse gewesen wäre — und das veränderte, wie mit den Überraschungen danach umgegangen wurde. Die ungünstige regulatorische Entwicklung war kein Schock, der die ganze Entscheidung infrage stellte. Sie war eine von mehreren Variablen, mit der jetzt weitergearbeitet wurde — neben einer anderen Variable, die sich als Geschenk erwies.

Klarheit ist nicht die Abwesenheit von Zweifel

Damit lässt sich ein zweiter Begriff aus dem Kapiteltitel präzisieren: innere Klarheit.

Im Alltag wird „Klarheit“ oft mit einem Zustand verwechselt, der dem entspricht, was in diesem Buch wiederholt als trügerisch beschrieben wurde: ein Zustand, in dem alle Zweifel verschwunden sind, in dem man sich „ganz sicher“ fühlt. Wer auf diesen Zustand wartet, bevor er handelt, wartet — wie in Kapitel 3 gezeigt — auf etwas, das in den meisten bedeutsamen Situationen nicht eintreten wird.

Eine andere Art von Klarheit ist möglich — eine, die mit Zweifeln koexistiert, statt sie zu beseitigen. Diese Klarheit bezieht sich nicht auf die Frage „Wird das gut ausgehen?" — eine Frage, die sich, wie in Kapitel 11 gezeigt, vor der Entscheidung nicht beantworten lässt. Sie bezieht sich auf eine andere Frage: „Habe ich gehört, was zu hören war? Habe ich die Informationsquellen genutzt, die mir zur Verfügung standen?"

Diese Art von Klarheit fühlt sich nicht an wie Gewissheit über den Ausgang. Sie fühlt sich an wie eine Art von innerem Frieden mit dem Prozess — unabhängig vom Ergebnis. Und sie ist, im Unterschied zur Gewissheit über den Ausgang, tatsächlich erreichbar. Nicht, weil sie etwas über die Zukunft verspricht, sondern weil sie sich auf die Gegenwart bezieht: auf das, was in diesem Moment, mit diesen Mitteln, getan wurde.

Eine Konsequenz für den Umgang mit Fehlentscheidungen

Diese Art von Klarheit hat eine praktische Folge, die weit über den Moment der Entscheidung hinausreicht: Sie verändert, wie mit dem Ergebnis umgegangen wird — insbesondere, wenn das Ergebnis nicht das gewünschte ist.

Wenn eine Entscheidung vor allem danach beurteilt wird, ob sie „richtig" war — im Sinne von: hat sie zum gewünschten Ergebnis geführt —, dann führt jede Enttäuschung fast automatisch zu einer Suche nach dem Fehler. Wo haben wir uns geirrt? Was haben wir übersehen? Diese Suche ist nicht grundsätzlich falsch — manchmal gibt es tatsächlich etwas zu lernen. Aber sie kann auch in eine Richtung führen, die in diesem Buch bereits mehrfach als Sackgasse beschrieben wurde: in noch mehr Kontrolle, noch mehr Absicherung, noch längere Lücken vor der nächsten Entscheidung — als Reaktion auf eine Enttäuschung, die vielleicht gar nicht durch mangelnde Vorsicht entstanden ist, sondern durch etwas, das schlicht nicht vorhersehbar war.

Wenn eine Entscheidung dagegen danach beurteilt wird, ob der Prozess stimmig war — ob die verfügbaren Informationsquellen gehört wurden, ob aus der Lücke heraus und nicht aus einer der sechs Fluchtbewegungen gehandelt wurde —, dann verändert sich der Blick auf ein enttäuschendes Ergebnis. Es wird nicht automatisch zum Beweis eines Fehlers. Es wird zu etwas, das hinzugekommen ist — eine neue Information, mit der jetzt weitergearbeitet wird, ohne dass die ursprüngliche Entscheidung dadurch im Rückblick „falsch“ werden muss.

Das ist keine Beschönigung von Fehlern. Es ist eine Verschiebung des Maßstabs — von einem Maßstab, der sich erst nach der Entscheidung anwenden lässt, zu einem, der schon während der Entscheidung zur Verfügung steht.

Was an dieser Stelle zusammenkommt

Mit diesem Kapitel ist eine Bewegung an einen vorläufigen Höhepunkt gekommen, die sich über mehrere Kapitel aufgebaut hat. Kapitel 11 zeigte, was es bedeutet, eine Entscheidung mit unvollständiger Information zu treffen. Kapitel 12 und 13 zeigten, wie das in der Zusammenarbeit mit anderen Menschen aussieht — bei unterschiedlichen Bauweisen und bei unterschiedlichen Wahrnehmungen derselben Situation. Kapitel 14 zeigte den inneren Mechanismus, der zwischen Unsicherheit und Handeln liegt — die Lücke, und die sechs Bewegungen, die sie gewöhnlich vorzeitig schließen.

Dieses Kapitel hat versucht, all das in einem Begriff zusammenzufassen, der oft missverstanden wird: Mut, nicht als großes Wort für besondere Momente, sondern als die leise, wiederholbare Fähigkeit, aus der Lücke heraus zu handeln — mit dem, was an Information da ist, ohne auf das zu warten, was nie kommen wird.

Was noch offen ist, ist die Frage, was geschieht, wenn dieses Modell — das 4+1-Modell, die Lücke, Mut als Prozessqualität — unter wirklich extremen Bedingungen geprüft wird. Wenn nicht eine einzelne Entscheidung auf dem Spiel steht, sondern mehrere gleichzeitig, unter Zeitdruck, mit hohen Einsätzen, in einer Situation, die sich von Minute zu Minute verändert.

Das ist die Belastungsprobe, mit der dieses Buch sich seinem Ende nähert.

Mut ist nicht das Fehlen von Unsicherheit. Mut ist die Fähigkeit, lange genug in ihr zu bleiben, um zu hören, was sie zu sagen hat — und dann zu handeln, bevor sie sich von selbst erledigt.

Rastplatz

Denk an eine Entscheidung, die du gerade vor dir hast oder kürzlich getroffen hast.

Woran misst du gerade, ob diese Entscheidung gut war — am Ergebnis? Oder daran, was du gehört hast, bevor du gehandelt hast?

Kapitel 16
Krisen: wenn Analyse und Wahrnehmung zusammenarbeiten müssen

Am Anfang dieses Buches stand ein Bild: ein Mensch, abends, mit einem Druck im Bauch, der sich nicht erklären ließ. Ein Signal, das niemand bemerkte, weil es zu leise war, um aufzufallen — und zu gewöhnlich, um als etwas Besonderes zu erscheinen.

Was wäre, wenn dieses Signal sich nicht über Jahre still verschoben hätte, sondern in einer einzigen Nacht plötzlich laut geworden wäre? Wenn nicht ein Hintergrundzustand sich allmählich verändert hätte, sondern alles auf einmal — die Zahlen, die Stimmung, der Körper, die Beziehungen, der Boden unter den Füßen?

Das ist eine Krise. Und sie ist, in gewisser Weise, der Moment, in dem alles, was in diesem Buch entwickelt wurde, gleichzeitig geprüft wird — nicht nacheinander, in Ruhe, mit Zeit zum Nachdenken, sondern auf einmal, unter Druck, mit echten Konsequenzen.

Was eine Krise von einer schwierigen Entscheidung unterscheidet

Die vorherigen Kapitel in Teil III haben einzelne Situationen betrachtet: eine Investitionsentscheidung, eine Personalfrage, ein Konflikt zwischen zwei Wahrnehmungen, der Moment vor einer riskanten Entscheidung. In jeder dieser Situationen gab es Zeit — nicht unbegrenzt, aber genug, um die Lücke aus Kapitel 14 zu nutzen, um mehrere Informationsquellen zu hören, um einen Konflikt offen zu halten, bis er etwas zeigte.

Eine Krise unterscheidet sich davon nicht nur in der Intensität, sondern in einer Eigenschaft, die alles andere verändert: Zeit wird knapp, während gleichzeitig die Anzahl der Dinge, die Aufmerksamkeit verlangen, zunimmt. Was vorher nacheinander betrachtet werden konnte, drängt jetzt gleichzeitig.

Und unter dieser Bedingung geschieht etwas, das in Kapitel 8 bereits beschrieben wurde, aber hier in beschleunigter Form: Das System läuft heißer. Die in Kapitel 5 beschriebene Landkarte — der Hintergrundzustand, der jede Entscheidung mitprägt — verändert sich rapide, oft innerhalb von Stunden statt Jahren. Was normalerweise eine leise, kaum merkliche Verschiebung der Kalibrierung ist, wird in einer Krise zu einer schnellen, fühlbaren Verengung: weniger Optionen werden wahrgenommen, Reaktionen werden heftiger oder verstummen ganz, und die vier Informationsquellen aus Kapitel 10 — die im Idealfall ein Orchester bilden — beginnen, durcheinander zu spielen, manche zu laut, manche kaum noch hörbar.

Was unter Druck zuerst verschwindet

Wenn man genau hinschaut, was in einer akuten Krisensituation als Erstes verschwindet, ist die Antwort selten „der Verstand". Menschen unter extremem Druck können oft noch rechnen, noch Optionen aufzählen, noch Argumente austauschen.

Was zuerst verschwindet, ist meist das Feinste am System: die Sensitivität. Die feine Wahrnehmung von Zwischentönen, von dem, was zwischen den Zeilen mitschwingt, von einem Zögern, einer Stimmungsänderung im Raum — all das braucht eine Art von Aufmerksamkeit, die unter akutem Druck als Erstes geopfert wird, einfach weil sie am wenigsten „laut" ist im Vergleich zu dem, was unmittelbar Aufmerksamkeit fordert.

Das ist aus evolutionärer Sicht nachvollziehbar — in einer akuten Gefahrensituation ist es sinnvoll, sich auf das unmittelbar Bedrohliche zu konzentrieren und alles andere auszublenden. Das Problem ist: Die meisten Krisen, mit denen Führungskräfte konfrontiert sind, sind keine akuten Gefahrensituationen im körperlichen Sinn. Sie sind komplexe, mehrschichtige Situationen, in denen genau die feinen Signale — eine Verschiebung in der Loyalität eines Teams, ein Zögern bei einem Partner, eine Stimmung, die sich verändert, bevor sie sich in Zahlen zeigt — oft die ersten Hinweise auf Entwicklungen sind, die später entscheidend werden.

Mit anderen Worten: In dem Moment, in dem diese Information am wertvollsten wäre, wird sie am unwahrscheinlichsten gehört.

Eine Krise aus mehreren Perspektiven

Stellen Sie sich eine Situation vor, die in vielen Organisationen in unterschiedlicher Form vorkommt: Eine unerwartete Entwicklung trifft ein — ein wichtiger Kunde kündigt überraschend, eine Lieferkette bricht zusammen, eine interne Untersuchung deckt ein Problem auf, das größer ist als gedacht. Innerhalb von Stunden verändert sich die Lage mehrfach.

Der Verstand reagiert zuerst — und das ist gut so. Er beginnt, die Situation zu strukturieren: Was wissen wir? Was müssen wir wissen? Welche Optionen gibt es? In den ersten Stunden einer Krise ist diese Funktion unverzichtbar. Ohne sie würde die Situation in Chaos zerfallen.

Aber unter dem Druck der Krise beginnt der Verstand auch etwas anderes zu tun: Er beginnt, sich selbst zu beschleunigen, immer schneller neue Szenarien zu durchdenken, ohne dass diese Szenarien sich tatsächlich weiterentwickeln. Das ist die Krisen-Variante des Musters aus Kapitel 2 — nur dass hier nicht eine Entscheidung verzögert wird, sondern dass im Kreis gedacht wird, weil Denken sich produktiver anfühlt als der nächste Schritt, der eigentlich folgen müsste.

Die Emotion reagiert ebenfalls — oft mit großer Intensität. Sorge, Anspannung, manchmal auch eine Art von Energie, die sich fast wie Hochgefühl anfühlt: endlich ist klar, worauf es jetzt ankommt. Diese Emotion ist eine reale Information — sie zeigt, was auf dem Spiel steht. Aber unter Druck kann sie auch beginnen, alles andere zu übertönen: Eine

Krisensitzung, die ausschließlich von Anspannung getragen wird, hat wenig Raum für die leiseren Quellen.

Der Körper meldet sich — oft genau in der Form, die in Kapitel 7 und 8 beschrieben wurde: Anspannung, Erschöpfung nach den ersten Stunden, ein Gefühl von „es wird zu viel". In einer Krise wird dieses Signal besonders oft übergangen — gerade jetzt, wo es doch darauf ankommt, durchzuhalten.

Die Intuition meldet sich bei erfahrenen Menschen oft sehr früh — ein Gefühl von „das kennen wir, das geht so aus" oder umgekehrt „das ist anders als alles, was wir bisher hatten". Beide Versionen können richtig oder falsch sein, je nachdem, ob die Erfahrung, auf der sie beruhen, tatsächlich zu dieser neuen Situation passt — die Unterscheidung aus Kapitel 4.

Und die Sensitivität — wie beschrieben, die erste, die verschwindet. Diejenige Person im Raum, die normalerweise registriert, dass jemand etwas nicht ausspricht, dass eine Stimmung im Team kippt, dass eine externe Person sich anders verhält als sonst — diese Wahrnehmung ist jetzt am leisesten von allen, gerade dann, wenn sie am dringendsten gebraucht würde.

Die ersten vierundzwanzig Stunden

Um zu zeigen, wie sich die vier Quellen — und die Feinheit ihrer Wahrnehmung — über die Zeit einer Krise hinweg verhalten, hilft ein Blick auf einen typischen Verlauf — nicht Stunde für Stunde im Detail, aber in den Phasen, die sich in den unterschiedlichsten Krisensituationen immer wieder ähnlich zeigen.

In den ersten ein bis zwei Stunden nach Eintreffen einer ernsten Nachricht — ein technisches System fällt unerwartet aus, ein wichtiger Vertrag wird überraschend gekündigt, eine Information gelangt an die Öffentlichkeit, die eigentlich vertraulich bleiben sollte — dominiert fast immer eine Mischung aus Verstand und Emotion. Der Verstand beginnt, Fragen zu sammeln: Was genau ist passiert? Wer ist betroffen? Was müssen wir als Erstes tun? Die Emotion liefert die Energie dafür — eine Art von Alarmzustand, der dafür sorgt, dass alle Beteiligten plötzlich verfügbar sind, auch außerhalb der üblichen Arbeitszeiten.

In dieser ersten Phase ist diese Kombination genau richtig. Sie mobilisiert, sie strukturiert, sie schafft die ersten Handlungsschritte. Der Körper meldet sich in dieser Phase oft kaum — Adrenalin überdeckt Erschöpfung, Hunger, Anspannung. Die Intuition meldet sich bei erfahrenen Personen manchmal sehr früh, oft in Form einer ersten Einschätzung: „Das ist größer als es aussieht“ oder „Das kriegen wir in den Griff, das hatten wir ähnlich schon einmal.“ Die Sensitivität — die feine Wahrnehmung von

Stimmungen, von dem, was zwischen den Beteiligten nicht ausgesprochen wird — ist in dieser Phase meist komplett abgeschaltet. Niemand hat in der ersten Stunde einer Krise die Aufmerksamkeit dafür, ob ein Kollege gerade zögert oder eine Spannung im Team entsteht.

Nach etwa vier bis acht Stunden beginnt sich das Bild zu verändern. Der erste Alarmzustand lässt nach, ohne dass die Situation gelöst wäre. Jetzt beginnt eine zweite Phase, die in vielen Krisen die eigentlich kritische ist — auch wenn sie von außen oft ruhiger wirkt als die erste.

Der Verstand arbeitet weiter, aber jetzt zeigt sich häufig das Muster aus Kapitel 2 in beschleunigter Form: ein Hin- und Herspringen zwischen Optionen, ein wiederholtes Durchdenken derselben Szenarien, ohne dass neue Erkenntnisse hinzukommen. Was sich wie Fortschritt anfühlt, ist oft eine Wiederholung. Der Körper meldet sich jetzt deutlicher — Erschöpfung, vielleicht ein Hungergefühl, das übergangen wird, weil „jetzt keine Zeit für Pausen ist". Genau in dieser Phase beginnt die Verengung aus Kapitel 8, nur in extremer Beschleunigung: Optionen, die in der ersten Stunde noch sichtbar waren, verschwinden aus dem Blick, weil die Aufmerksamkeit sich auf einen immer schmaleren Ausschnitt der Situation konzentriert.

Und in dieser zweiten Phase passiert etwas, das im Rückblick oft die größte Bedeutung hat, obwohl es im Moment am leichtesten übersehen wird: Eine Person im Team registriert eine Information, die nicht direkt zur

Krise zu gehören scheint. Eine Reaktion eines externen Partners, die etwas knapper ausfällt als sonst. Ein interner Hinweis, der in einer anderen Abteilung beiläufig fällt. Eine Beobachtung, dass eine bestimmte Person im Krisenteam plötzlich auffällig still geworden ist. Jede dieser Beobachtungen ist Sensitivität — und jede von ihnen hat, in den Krisen, die später als besonders gut oder besonders schlecht bewältigt gelten, im Rückblick eine Rolle gespielt. In gut bewältigten Krisen wurde diese Beobachtung irgendwann ausgesprochen und aufgenommen. In schlecht bewältigten Krisen blieb sie unausgesprochen — nicht, weil sie unwichtig gewesen wäre, sondern weil in dieser Phase niemand die Kapazität hatte, ihr zuzuhören.

Nach zwölf bis vierundzwanzig Stunden tritt häufig eine dritte Phase ein: Die erste Dringlichkeit lässt nach, ein vorläufiger Plan steht, und es entsteht — paradoxerweise — der gefährlichste Moment der gesamten Krise. Die Emotion, die in den ersten Stunden mobilisiert hatte, kippt jetzt oft in Erschöpfung. Der Verstand, der die ganze Zeit gearbeitet hat, beginnt, Abkürzungen zu nehmen — nicht aus Nachlässigkeit, sondern weil er selbst erschöpft ist. Und genau in diesem Moment, in dem alle Beteiligten am erschöpftesten sind, fallen oft die Entscheidungen, die die Krise tatsächlich beenden oder verlängern.

Was in dieser dritten Phase besonders hilft — und was sich in Rückblicken auf gut bewältigte Krisen immer wieder zeigt —, ist eine bewusste Unterbrechung: nicht eine lange Pause, oft nur wenige Minuten, aber ein

Moment, in dem die Frage gestellt wird, die in Kapitel 11 entwickelt wurde — *Ist da etwas, das wir gerade übergehen?* In dieser dritten Phase ist diese Frage am wertvollsten und am unwahrscheinlichsten, weil „weitermachen“ sich in der Erschöpfung wie die einzig mögliche Option anfühlt.

Was eine Krise nicht braucht — und was sie braucht

Es gibt eine verbreitete Vorstellung davon, was eine Krise braucht: einen Menschen, der den Kopf klar hält, während alle anderen die Nerven verlieren. Diese Vorstellung ist nicht ganz falsch — aber sie ist unvollständig, und in ihrer Unvollständigkeit potenziell gefährlich.

„Den Kopf klar halten“ wird oft verstanden als: die Emotion ausschalten, den Körper ignorieren, sich ganz auf den Verstand verlassen. Das ist genau die Bewegung, die in den vorherigen Kapiteln als Verengung beschrieben wurde — nur dass sie in einer Krise nicht als Problem erscheint, sondern als Tugend. „Ich habe einfach funktioniert“ ist, im Nachhinein, oft ein Satz, der mit Stolz erzählt wird — und der gleichzeitig genau das beschreibt, was in Kapitel 9 als das Muster eines Lebens beschrieben wurde, das nur noch eine Antwort kennt.

Was eine Krise tatsächlich braucht, ist etwas anderes — und es ist schwerer, weil es sich nicht nach „Kontrolle“ anfühlt: die Fähigkeit, unter Druck mehr als eine Quelle gleichzeitig offen zu halten. Nicht alle mit gleicher Intensität — das wäre unrealistisch und wahrscheinlich auch nicht hilfreich. Aber genug, um nicht in die Verengung zu kippen, in der nur noch eine Quelle — meist der überdrehte Verstand oder die übermächtige Emotion — den ganzen Raum einnimmt.

Konkret kann das bedeuten: In einer Krisensitzung bewusst eine Frage zu stellen, die nicht zur unmittelbaren Faktenlage gehört — „Hat jemand das Gefühl, dass hier etwas fehlt, das wir noch nicht angesprochen haben?" Das ist die Frage aus Kapitel 11, jetzt unter Zeitdruck gestellt. Sie kostet eine Minute. Aber sie öffnet, für einen Moment, den Raum für die leiseste, feinste Wahrnehmung — gerade dann, wenn sie sonst am ehesten verschwinden würde.

Rückkehr zum Anfang

Am Anfang dieses Buches stand eine Beobachtung, die zunächst unscheinbar wirkte: dass Informationen selten fehlen. Häufiger werden sie überhört.

Diese Beobachtung gilt für den leisen Druck im Bauch, der sich über Jahre normalisiert, genauso wie für die Krisensitzung, in der eine Stimme zögert und niemand nachfragt. Der Unterschied ist nicht die Art der Information. Der Unterschied ist die Geschwindigkeit, mit der sie überhört wird — und die Konsequenzen, die daraus entstehen.

In einer Krise zeigt sich, in komprimierter Form, alles, was dieses Buch über viele Kapitel hinweg entwickelt hat. Die Verengung aus Kapitel 8, jetzt in Stunden statt Jahren. Die Verwechslung von Intuition und Angst aus Kapitel 4, jetzt unter Zeitdruck. Die sechs Fluchtbewegungen aus Kapitel 14, jetzt alle gleichzeitig verfügbar und alle gleichzeitig verlockend. Und die Frage aus Kapitel 11 — *Ist da etwas, das ich gerade übergehe?* — jetzt mit der höchsten Dringlichkeit, die sie je hatte.

Was eine Krise nicht braucht, ist ein Mensch, der nichts mehr fühlt. Was sie braucht, ist ein System — ob eine einzelne Person oder ein Team — das unter Druck nicht auf eine einzige Stimme zusammenschrumpft, sondern so viele wie möglich offenhält, so lange wie möglich, bevor gehandelt wird.

Das ist keine Garantie für ein gutes Ergebnis. Eine solche Garantie gibt es nicht, und dieses Buch hat an keiner Stelle versprochen, sie zu liefern. Was es liefert, ist etwas Bescheideneres und, auf lange Sicht, vielleicht Wertvolleres: eine Entscheidung, die auf möglichst vielem von dem beruht, was tatsächlich vorhanden war — auch unter den Bedingungen, unter denen es am schwersten ist, hinzuhören.

Informationen fehlen selten. Häufiger werden sie überhört — und je größer der Druck, desto leiser wird genau die Stimme, die am meisten zu sagen hätte.

Rastplatz

Denk an die letzte Situation, in der du unter echtem Druck entscheiden musstest.

Welche deiner vier Informationsquellen war in diesem Moment am leisesten — und was, vermutest du, hätte sie zu sagen gehabt, wenn sie gehört worden wäre?

Epilog
Was bleibt, wenn das Buch zu Ende ist

Am Anfang dieses Buches stand ein Moment, der sich nicht ankündigt — eine Frage, die plötzlich da ist, ohne dass klar wäre, woher sie kommt.

Am Ende lässt sich nicht sagen, dass diese Frage beantwortet wäre. Das war auch nie das Ziel. Was sich verändert haben könnte, ist etwas anderes: die Art, wie mit dieser Frage umgegangen wird, wenn sie das nächste Mal auftaucht.

Kein Zustand, sondern eine Praxis

Wer dieses Buch von Anfang bis Ende gelesen hat, hat ein Modell kennengelernt: das 4+1-Modell — vier Informationsquellen und die Sensitivität, mit der sie wahrgenommen werden —, ein individuell gebautes Fahrzeug, eine Lücke zwischen Signal und Reaktion, sechs vertraute Bewegungen, die diese Lücke gewöhnlich vorzeitig schließen.

Es wäre ein Missverständnis, dieses Modell als etwas zu betrachten, das man „gelernt hat" und das damit abgeschlossen ist — wie eine Formel, die man sich merkt und von nun an anwendet. Nichts in diesem Buch funktioniert so. Die Lücke wird nicht dadurch größer, dass man von ihr gelesen hat. Die Sensitivität wird nicht dadurch schärfer, dass man weiß, dass es sie gibt. Die eigene Bauweise wird nicht dadurch anders, dass man ein Bild dafür hat.

Was sich durch dieses Buch verändert haben könnte, ist etwas Kleineres und gleichzeitig Größeres: eine Aufmerksamkeit, die jetzt da ist, wo vorher keine war. Ein kurzer Moment, in einer Sitzung, in einem Gespräch, in einer eigenen Entscheidung, in dem sich die Frage aus Kapitel 11 melden könnte — *Ist da etwas, das ich gerade übergehe?* — und in dem diese Frage jetzt vielleicht einen winzigen Moment länger steht, bevor eine der sechs vertrauten Bewegungen sie überdeckt.

Das ist keine große Verwandlung. Es ist eine Praxis — etwas, das sich wiederholt, das sich manchmal bewährt und manchmal nicht, das mal gelingt und mal nicht gelingt, und das gerade dadurch zu dem wird, was es ist: nicht ein Zustand, der erreicht wird, sondern eine Bewegung, die sich wiederholt.

Was nicht versprochen wurde

Dieses Buch hat an keiner Stelle behauptet, dass Entscheidungen, die auf diese Weise getroffen werden, häufiger „richtig“ sind — im Sinne von: häufiger zu dem gewünschten Ergebnis führen. Eine solche Behauptung wäre mit allem, was in Teil I entwickelt wurde, unvereinbar gewesen. Gewissheit kommt nicht, auch nicht durch dieses Buch.

Was sich verändern kann, ist etwas anderes: das Verhältnis zu dem, was nach einer Entscheidung kommt — gleich, wie sie ausgeht. Eine Entscheidung, bei der möglichst viele der verfügbaren Informationsquellen gehört wurden, trägt anders, wenn sie sich später als unvollständig erweist, als eine Entscheidung, bei der von vornherein eine ganze Kategorie von Wahrnehmung ausgeschlossen war. Nicht, weil das Ergebnis anders wäre. Sondern weil die Beziehung zu diesem Ergebnis eine andere ist.

Das ist, am Ende, vielleicht der bescheidenste und zugleich der größte Unterschied, den dieses Buch anzubieten hat: nicht bessere Entscheidungen im Sinne von „öfter richtig" — sondern Entscheidungen, mit denen sich besser leben lässt, unabhängig davon, wie sie ausgehen.

Was am nächsten Tag anders sein könnte

Es ist eine berechtigte Frage, was das alles für den nächsten Montag bedeutet — für die nächste Sitzung, das nächste Gespräch, die nächste Entscheidung, die ansteht, ganz gewöhnlich, ohne dass irgendetwas davon „groß" wäre.

Die Antwort ist bewusst klein. Nicht: ab jetzt anders entscheiden.
Nicht: ab jetzt der Intuition mehr Gewicht geben, oder dem Körper, oder der Sensitivität. Jeder Versuch, eine der Quellen ab sofort systematisch zu bevorzugen, würde genau das wiederholen, was dieses Buch zu vermeiden

versucht hat — nur mit vertauschten Vorzeichen. Eine neue Hierarchie ist keine Lösung für das Problem der alten Hierarchie.

Was tatsächlich anders sein könnte, ist etwas Unscheinbares: ein einzelner Moment, irgendwo in der nächsten Woche, in dem etwas auftaucht — eine Irritation, ein Zögern, ein Gefühl, das sich nicht sofort einordnen lässt — und in dem dieser Moment nicht sofort überschrieben wird. Kein Innehalten von Minuten. Vielleicht nur der Bruchteil einer Sekunde, in dem registriert wird: Da war etwas. Mehr nicht.

Was mit diesem „Da war etwas" geschieht, ist offen. Vielleicht führt es zu einer Frage, die gestellt wird. Vielleicht führt es zu nichts, weil sich zeigt, dass es tatsächlich nichts war. Beides ist in Ordnung — die Praxis liegt nicht im Ergebnis dieses einen Moments, sondern darin, dass er überhaupt registriert wurde, statt direkt einer der sechs vertrauten Bewegungen zu weichen.

Über die Zeit — nicht in einer Woche, eher in Monaten, manchmal Jahren — verändert sich durch viele solcher Momente etwas, das sich von außen kaum beschreiben lässt, aber von innen spürbar wird: eine Art von Vertrautheit mit den eigenen vier Quellen — und mit der Feinheit der eigenen Wahrnehmung. Nicht, weil sie neu wären. Sie waren immer da. Sondern weil sie nicht mehr ganz so fremd sind, wenn sie sich melden.

Eine letzte Rückkehr

Ganz am Anfang dieses Buches stand das Bild eines Menschen, abends, mit einem Druck im Bauch, der sich über Jahre normalisiert hatte — bis zu dem Moment, an dem er plötzlich fehlte, und diese Abwesenheit selbst zur Frage wurde.

Diese Geschichte hatte kein dramatisches Ende. Es gab keinen Zusammenbruch, keine radikale Wende, keinen Moment, an dem alles anders wurde. Was es gab, war eine Verschiebung — langsam, manchmal kaum merklich, manchmal mit Rückschritten —, von einem Leben, das fast ausschließlich auf eine Antwort trainiert war, zu einem, in dem mehr als eine Stimme Platz hat.

Das ist die Bewegung, die dieses Buch beschreibt — nicht als Versprechen, sondern als Möglichkeit. Nicht das falsche Fahrzeug gegen ein besseres tauschen. Sondern beginnen, das eigene zu kennen — seine Signale, seine Stärken, seine Grenzen — und es entsprechend zu fahren. Und vielleicht ist genau das die stillste Form von Selbstführung: nicht härter zu werden, nicht schneller — sondern wieder selbst am Steuer zu sitzen.

Die Straße bleibt dieselbe. Die Unsicherheit bleibt. Die Entscheidungen werden nicht leichter.

Aber vielleicht wird etwas anderes möglich: mit mehr von dem zu entscheiden, was ohnehin schon da war.

Die besten Entscheidungen entstehen nicht dort, wo alle Fragen beantwortet sind. Sie entstehen dort, wo Verstand und Wahrnehmung wieder zusammenarbeiten — und das beginnt nicht am Ende eines Buches, sondern beim nächsten Moment, in dem etwas nicht ganz passt.

Anhang
Das 4+1-Modell im Überblick

Dieses Buch hat das Modell erzählend entfaltet. Hier steht es noch einmal auf einen Blick — in der Sprache, in der es auch im Kurs und in den Arbeitsmaterialien verwendet wird.

Die vier Informationsquellen

Der Verstand — das Navigationssystem.
Er analysiert, plant, ordnet ein.
Seine Frage: Was denke ich darüber?

Die Emotion — das Warn- und Bewertungssystem.
Sie zeigt, was bedeutsam ist, und setzt Prioritäten.
Ihre Frage: Was bedeutet das für mich?

Der Körper — der Zustandsanzeiger.
Er meldet Belastung, Energie und Grenzen, oft früher als alles andere.
Seine Frage: Was registriert mein System gerade?

Die Intuition — der Blick durch die Windschutzscheibe.
Verdichtete Erfahrung, die Muster erkennt, bevor sie offensichtlich werden.
Ihre Frage: Was weiß ich, ohne den Weg dorthin erklären zu können?

Das +1: Sensitivität

Sensitivität ist keine fünfte Quelle. Sie ist die Empfindlichkeit der Sensoren — sie bestimmt, wie fein die Signale aller vier Quellen wahrgenommen werden. Feinere Sensoren bedeuten nicht mehr Qualität — sie bedeuten mehr Auflösung.

Zwei Störfelder

Rauschen — Überlagerung: Stress, Müdigkeit, Reizflutung.
Das Signal ist da, kommt aber nicht klar durch.

Filter — Verzerrung: Glaubenssätze, Prägungen, Erwartungen.
Die Information kommt an, wird aber umgedeutet — wie eine Anzeige, die falsch kalibriert ist.

Drei Hebel

Entstörung — Ruhe schaffen, das Signal wieder hörbar machen.

Entfilterung — die Anzeigen neu kalibrieren, unverfälscht erkennen.

Kultivierung — die Sensoren verfeinern, bewusster wahrnehmen.

Der Weg

Das Modell beschreibt keinen Weg, den man abarbeitet.
Es beschreibt eine Haltung: wahrnehmen, was da ist — und ihr vertrauen.

Eine Entscheidung mit 4+1 betrachten

Das 4+1-Modell ist keine Formel, die automatisch zur richtigen Entscheidung führt. Es hilft dabei, eine Situation vollständiger wahrzunehmen, bevor wir handeln.

1. Die Situation benennen

Formuliere die Entscheidung zunächst in einem Satz. Möglichst nüchtern, ohne sie bereits zu bewerten oder zu begründen.
Worum geht es tatsächlich?

2. Die vier Informationsquellen getrennt befragen

Der Verstand
Welche Fakten kenne ich? Welche Erfahrungen sind relevant? Was nehme ich lediglich an?

Die Emotion
Was löst die Situation in mir aus? Was ist mir offenbar wichtig? Wo spüre ich Zustimmung, Widerstand, Angst oder Hoffnung?

Der Körper
Wie reagiert mein Körper, wenn ich an die verschiedenen Möglichkeiten denke? Entsteht Spannung oder Ruhe, Enge oder Weite, Energie oder Erschöpfung?

Die Intuition
Welcher erste, noch unbegründete Eindruck war da, bevor das Abwägen begann? Was nehme ich wahr, ohne es bereits erklären zu können?

3. Sensitivität einordnen

Wie fein und intensiv nehme ich die Signale gerade wahr? Bin ich ruhig und aufnahmefähig – oder müde, angespannt und überreizt?

Ein starkes Signal ist nicht automatisch ein verlässliches Signal. Hohe Intensität kann auf Bedeutung hinweisen. Sie kann aber auch durch Stress, Angst oder Erschöpfung entstehen.

4. Störfelder prüfen

Wo könnte Rauschen das Signal überlagern? Welche Erwartungen, Erfahrungen oder Glaubenssätze wirken als Filter?

5. Zusammenführen

Welche Informationen weisen in dieselbe Richtung? Wo widersprechen sie sich? Und welche Information habe ich bisher übersehen? Das Ziel ist nicht, jeden Widerspruch sofort aufzulösen. Manchmal besteht der nächste klare Schritt darin, noch nicht endgültig zu entscheiden.

Der 4+1-Kurzcheck

Vor einer wichtigen Entscheidung können wenige Fragen helfen, den eigenen Wahrnehmungsraum wieder zu öffnen:

Was weiß ich?

Welche Fakten sind gesichert? Was ist Erfahrung, Vermutung oder Interpretation?

Was fühle ich?

Welche Bedeutung hat die Situation für mich? Welches Bedürfnis, welcher Wert oder welche Befürchtung zeigt sich?

Was registriert mein Körper?
Wo entstehen Spannung, Ruhe, Kraft, Enge, Unruhe oder Rückzug?

Was ahne ich?

Welcher leise Eindruck war da, bevor die Argumente lauter wurden? Wie fein ist meine Wahrnehmung gerade eingestellt?

Bin ich präsent und aufnahmefähig? Oder beeinflussen Stress, Müdigkeit und Reizüberflutung die Intensität meiner Signale?

Was passt zusammen?

Welche Quellen bestätigen einander? Wo zeigen sich Widersprüche? Welcher Teil meiner Wahrnehmung hat bisher kaum Beachtung bekommen?

Was ist der nächste verantwortbare Schritt?

Nicht jede Situation verlangt sofort eine endgültige Antwort. Manchmal entsteht Klarheit durch eine Rückfrage, ein Gespräch, eine Pause oder einen begrenzten nächsten Schritt.

Das 4+1-Modell nimmt dir die Verantwortung für deine Entscheidung nicht ab. Es erweitert die Informationsgrundlage, auf der du sie triffst.

Dieses Buch ist ein Anfang. Was danach kommt —
Kurse, Begleitung, weitere Bücher — findest du unter:
www.alexander-klein.eu

Beyond Performance · Alexander Klein

Dank

Bücher entstehen nicht allein.

Dieses Buch wäre ohne die Menschen nicht möglich gewesen, die bereit waren, mit mir über ihre Entscheidungen, Zweifel und Wahrnehmungen zu sprechen – offen, ehrlich und ohne Beschönigung.
Ihnen gilt mein besonderer Dank.

Meiner Familie danke ich für die Geduld mit einem Menschen,
der manchmal mehr im Kopf als im Raum war.

Und dir, der du dieses Buch bis hierher gelesen hast: Danke.
Nicht allein für das Lesen, sondern dafür, dass du die Frage ernst nimmst, die hinter diesem Buch steht:

Was übersehe ich, wenn ich glaube, bereits alles bedacht zu haben?

Dieses Buch endet hier. Die Wahrnehmung nicht.

Klarheit entsteht nicht immer dadurch, dass wir länger nachdenken.
Manchmal entsteht sie dadurch, dass wir vollständiger wahrnehmen.

Alexander Klein